W0064635

WIE SOLLEN WIR LEBEN? WAS KÖNNEN WIR TUN?

Diesen Grundsatzfragen geht Niels Boeing nach und erörtert sie nachdenklich bis kämpferisch, subjektiv bis imperativ: »Wir sind die Vielen, und wir können den neuen Beat anschlagen, der alle Macht pulverisieren wird. Wir, die Multitude. Wir werden uns erkennen, wenn wir es endlich zulassen, wenn wir unser lauwarmes Leben hinter uns lassen und es denen gleichtun, die brannten und niemals froren. ›Let's burn!‹«

NIELS BOEING, 44, Mitglied des Aktionsbetriebs LOMU – local organized multitude, aktiv im Hamburger Netzwerk »Recht auf Stadt«, Reisender und Journalist u.a. für *Die Zeit, Freitag, Technology Review*. Co-Autor von *21 000 Kilometer oder die Kunst, sitzen zu lernen – Eine Reise von Hamburg nach Kapstadt mit Bus, Bahn und Boot* (Rowohlt).

CHRISTOPH SCHÄFER, 47, Bildhauer, Konzept- und Videokünstler. Hat als Teil der Gruppe »Park Fiction« das Konzept der urbanen Wunschproduktion entwickelt. Ist Autor von *Die Stadt ist unsere Fabrik* und aktiv im Hamburger Netzwerk »Recht auf Stadt«.

OLIVER FAHRNI, 55, Journalist und reisender Sozialwissenschaftler. Früher stellvertretender Chefredakteur der *Weltwoche* und Auslandschef der *Woche*. Er führt die geogesellschaftliche Denkfabrik Cargo3 und ist Redakteur der Gewerkschaftszeitung *work* in Bern.

NIELS BOEING
ALLES AUF
NULL

GEBRAUCHSANWEISUNG
FÜR DIE WIRKLICHKEIT

MIT ILLUSTRATIONEN VON CHRISTOPH SCHÄFER
UND EINEM NACHWORT VON OLIVER FAHRNI

EDITION NAUTILUS

Für Lore Hamburg

Für Franz Công Bùi

Für die Vielen,
die ans Desertieren denken

EDITION NAUTILUS Verlag Lutz Schulenburg | Schützenstraße 49a |
D-22761 Hamburg | www.edition-nautilus.de | Alle Rechte vorbehalten |
© Edition Nautilus 2011 | Umschlag: Maja Bechert | www.majabechert.de |
Originalveröffentlichung | Erstausgabe August 2011 | Druck & Bindung:
Druckhaus »Thomas Müntzer« | 1. Auflage | ISBN 978-3-89401-747-7

Die Uhr tickt. Oder ist es eine Bombe in der Gegenwart?

Der Sekundenzeiger rückt weiter, und ich wäge meine Optionen, berechne meine Produktivität, unaufhörlich, schwitzend stapele ich Zigarettenkippen und habe doch nur wenig zu bieten, das sich für die Gegenwart eignet.

Meine Träume bringen mir nichts ein. Sie sind nichts wert.

Meine Hände brauche ich gar nicht erst anzusehen. Ich habe nichts Praktisches gelernt, das für die Zukunft taugen würde.

Ich wurde in eine neue Wildnis hineingeworfen, in der die Überlegenheit des Kopfes über die Faust das Überleben sichern soll. Unter Wölfen, deren Köpfe Fangzähne haben.

Mein Kopf hat keine Fangzähne, auch wenn andere das Gegenteil behaupten.

Du musst Inventur machen, schneller, die Zeit verstreicht. Zeit ist Geld, das ist das Gesetz der Gegenwart. Beides zerrinnt, und dann bist du nichts, ein Staub.

Draußen verändert sich etwas, und es fühlt sich nicht gut an. Draußen, wo ich mich verkaufen muss wie alle anderen. Das ist das andere Gesetz der Gegenwart, unter dem wir alle ächzen.

Ich kenne niemanden, der keine Bleijacke unter seinen Klamotten trüge.

In den Köpfen rattern die Rechenwerke, wie sie den Kampf gegen die Zeit gewinnen können, gegen das zerrinnende Geld. Klauben irgendetwas zusammen und werfen zuletzt sich selbst auf den Markt, um mit dem Geld Aufschub zu erhalten. Spannen die Gesichtsmuskeln, um jederzeit loslächeln zu können.

Der Zeiger ist weitergerückt, während ich stehen geblieben bin. Das wird mich einiges kosten.

Profit sucks.

Auf der Straße wächst seit Stunden eine Schneedecke und hüllt die nächtliche Stadt in Schweigen. Ein Schweigen, in dem plötzlich alle zu träumen wagen. Wenn nichts mehr geht und alles zusammenbricht, wäre wieder alles möglich.

Das Gestern wäre ausgelöscht und das Morgen noch ein leeres Blatt. Darauf schrieben wir Geschichte.

Dann sehe ich, dass kein Schnee fällt, sondern Staub. In dicken Flocken senkt er sich schmutzig über unsere Zeit.

In der Schattenstaubzeit haben sich die alten Utopien in die Ritzen grauen Mauerwerks verkrochen. Nur eine Explosion würde sie daraus hervorholen können.

Um sie mit unseren intellektuellen Taschenmessern herauszukratzen, brauchten wir tausend Jahre. Aber nur Unmenschen denken in Jahrtausenden.

Ich erwische mich dabei, dass auch ich vom Ausnahmezustand träume. Für diesen romantischen Wahn sollte ich mir eine reinhauen. Für Unzählige ist der Ausnahmezustand längst eingetreten, und nicht nur im Kongo.

Geh ins nächste Einkaufszentrum, in die Siedlungen von Farland, nicht weit weg von der Innenstadt, da kannst du die Verwüstungen selbst sehen. Wenn du nur deine staubverklebten Augen aufbekämst, Idiot.

Ich wende mich ab vom Fenster und schmeiße die Uhr an die Wand. Das Ticken verstummt nicht. Also doch eine Bombe.

Wie viel Zeit bleibt mir noch?
Bis zum Morgengrauen vielleicht.

Aus dem Kühlschrank hole ich mir ein Bier, zünde die nächste Zigarette an und setze mich an den leeren Tisch, auf dem ich meine Gedanken ausbreiten und sortieren werde. Diese Inventur ist schon lange überfällig, will ich nicht irre werden. Ich notiere:

Der Ausnahmezustand ist bereits eingetreten.

Wir waren aufgebrochen, als wir noch keine Gewichte an den Füßen hatten. Ein neues Jahrzehnt hatte begonnen, der Kommunismus war untergegangen, vor uns die Zukunft, leuchtend, aufregend und definitiv unübersichtlich.

»Wir sind die erste Generation, die keine Entschuldigung hat, nicht alles zu wagen«, sagte R damals. Die Großeltern hatten uns einen Wohlstand ohne Beispiel erarbeitet, die Eltern '68 unerhörte Freiheiten erkämpft.

Wir stürzten uns ins Getümmel, ins große Spiel, dessen Regeln wir verändern würden, wenn wir sie erst verstanden hätten.

Heute haben wir Gewichte an den Füßen und glauben, dass man in dieser realen Welt nur noch eins tun kann: mitspielen. Und ging dieses Spiel nicht kinderleicht von der Hand, solange sich die Konten nicht leerten?

Wenn ich beim Grillen oder auf einer Party noch mal fragte: »Können wir über Politik reden?«, erntete ich schallendes Gelächter. Ein guter Gag. Dabei meinte ich es ernst.

Das 68er-Credo, dass das Private politisch ist, haben wir auf bizarre Weise umgebogen. Das Private ist Politik genug. Das Management der Möglichkeiten ist schließlich ein Fulltime-Job. Da bleibt keine Zeit, über die Gegenwart nachzudenken.

Unsere Generation ist einfach abgehauen, sagt O. Die 68er werden alt, und nach ihnen das Vakuum. Keiner mehr da, um dagegen zu kämpfen, dass die Bastionen der Grundrechte und des Sozialstaats geschleift werden.

Ich will das nicht auf mir sitzen lassen, aber O winkt ab. Wir haben uns alle entzogen, ich genauso wie du, sagt er.
Ich würde mir in die Tasche lügen, wenn ich das leugnete. Es tut nichts zur Sache, ob einer den Staat als Selbstbedienungsladen oder als Monster ansieht. Das Ergebnis ist dasselbe:

Ohne dich ist diese Gesellschaft unvollständig.

Force! Nach vorne! Ich muss alles hinter mir lassen, das Neue duldet keinen Aufschub. Aber dann überkommt mich die Lähmung schon vor dem ersten Schritt:
Wohin genau? Was tun? Wie sein?
Ja, zuerst diese Frage: Wie sein?

Ernsthaft und verantwortungsbewusst, Schluss mit dem Boheme-Zauber, der sich um nichts schert, denke ich, es gilt: »Fang bei dir selbst an.« Schon hunderte Male gehört.

Aber lauert in der Ernsthaftigkeit nicht das Pathos, das unerträgliche, im Verantwortungsbewusstsein das humorlose Spießertum? Braucht es nicht gerade Ironie und Unverbindlichkeit, um diesem Elend zu entgehen?

Ich weiß es nicht.

Aber Disziplin ist unverzichtbar, wenn wir das Neue überhaupt schaffen wollen. Zerstreuung 24/7 ist das Wesen der Spaßgesellschaft. Ob als Millionärsbonanza oder Hartz-IV-TV, macht keinen Unterschied. Durchsoffene Nächte taugen für Heldenepen des Existenzialismus, aber sie sind folgenlos.

Doch andererseits: Hat nicht religiöse Disziplin den verhassten Kapitalismus über uns gebracht? Asketen sind immer das Militär des Geistes gewesen, und geistige Demilitarisierung ist wichtiger denn je.

Das weiß ich immerhin.

Und weiter prasseln die Widersprüche auf mich ein, und je länger ich nachdenke, desto mehr schwankt mir der Grund unter den Füßen. Im Orkan der Meinungen und Statistiken wird alles zugleich plausibel und hochgradig suspekt.

Wie John Difool fliege ich im freien Fall durch die Ebenen vermeintlicher Gewissheiten, direkt der Kloake mit den Psychoratten entgegen. Tolle Aussichten, um eine Revolution zu starten, aber scheiß drauf.

Gegensätze sind Lichtspiele.

Hey, ich bin es, dein Sezierer.

Ich schaue mich um, kann aber niemanden sehen. Wer ist da?

Vorsicht! Keine unbedachten Äußerungen, keine dummen Fragen. Was du auch sagen willst, ich werde es gegen dich verwenden. Du redest von Werten, von Theorien, von Utopien. Ich werde sie dir nicht lassen, Stück für Stück werde ich sie zerreißen, werde gegenreden – und glaub nicht, dass du mich täuschen kannst. In dem Augenblick, da du die Seite wechselst, auf mich eingehst, tauche ich ab und erwische dich von hinten. Du wunderst dich, dass ich dir das so sage. Es tut nichts zur Sache, deshalb sage ich es. Ich werde kein gutes Haar an dir lassen, dich zerfleischen, wenn du dich in den Fallen, die ich aufstelle, windest.

Das hat mir noch gefehlt. Was soll dieses Gequatsche?

Cool down. Ich rede von meiner Konfrontation mit dir. Du bist das Problem, weil du nichts zu Ende gedacht hast. Weil du dieses System aufrechterhältst. Weil du kooperierst. Weil du einen Konsens suchst. Konsens ist Feigheit. Ich will die Differenz, denn sie ermöglicht Identität. Ich schaffe mir das Ghetto, aus dem heraus ich dich traktiere mit dem Vorwurf, du würdest mich missachten und diskriminieren. Und tätest du es nicht, würde ich dich so erbarmungslos reizen, bis du mich ins Ghetto prügelst. Ich werde den Faschisten auch aus dir hervorzerren.

Wut steigt in mir auf, doch der Sezierer setzt nach.

Ja, das kannst du nicht ertragen. Ich werde euch reizen, bis ihr hilflos um euch schlagt und alles in Trümmern liegt. Bis alles zur Kenntlichkeit entstellt ist.

Und dann?, frage ich.

Das ist nicht mein Problem, sagt der Sezierer.

Na klar, schon verstanden. Abgang, Mann.

Sezieren ist nicht genug.

In einem hat der Sezierer recht: Der Faschismus ist eine Krankheit, die in der Mitte der Gesellschaft ausbricht. Von wegen Extremisten. Es sind immer schon gewöhnliche Leute gewesen, die tagsüber das Geschäft des Bösen verrichten und nachts ihren Kindern über den Kopf streicheln. Die Bestialität spaltet sich problemlos von der Liebe ab, wenn die Tür ins Schloss fällt. Schizophrenie als Normalzustand.

Klar, dass diese Erkenntnis einen Schock auslöste. Traurig, dass sie in eine Psychose umschlug.

Entlarve den Faschisten, den Rassisten, den Sexisten, der sich hinter der Maske des Biedermanns, gar des Gutmenschen verbirgt. Und wenn er die Maske nicht wahrgenommen hat, umso schlimmer für ihn.

Für die rhetorisch Begabten ein leichtes Spiel. Fortan wird jeder Satz, jede Handlung seziert und gewendet, und da, schon wieder ein Keim der Barbarei entdeckt. An den Pranger damit. Was für ein Fest.

Übermächtig ist die Versuchung, diesen Spürsinn zum eigenen Vorteil auszuschlachten. Aber die Eitlen und die Selbstgerechten sind ihr in Scharen verfallen. Das ist das eigentliche Elend der Linken. Sie klagen zu viel an.

Dabei kann keiner von ihnen die Frage beantworten, woher er weiß, dass das Virus der Menschenverachtung nicht auch in ihm schlummert. All die intellektuellen Belesenheitsnachweise überzeugen mich nicht. Und ich möchte verstehen, inwiefern sich das große Verdächtigungsspiel von faschistoider Denunziation unterscheidet.

Ich habe ohnehin den Verdacht, dass das Verdächtigungsspiel dem eigenen Exorzismus dient. Die Idiotie des Ablasshandels hat den Katholizismus überlebt, wenn die Überführung eines Kryptofaschisten als Nachweis gilt, sich selbst von allem faschistoiden Gedankengut gereinigt zu haben. Die Erkenntnis eigener Schuldfähigkeit hat eine linke Bigotterie hervorgebracht:

Jeder ist seines Nächsten Faschist.

Das Haus, in dem ich lebe, steht in Posertown. Am Ortseingang lassen unsichtbare Barrieren die Lachmuskeln erstarren, und schon geht das nächste Verdächtigungsspiel los.

Finde die Uncoolen. Entlarve die politisch Unkorrekten. Strafe die Unkreativen mit Verachtung. Zeige deine Hipness. Bekanntschaften werden durch ein Zucken im Augenwinkel angedeutet. Freundschaften dagegen frenetisch zur Schau gestellt.

Am Pferdemarkt findet in einem Hinterhof eine Party statt, und nach all den Jahren läuft dort immer noch music for modern living. Trainingsjacken schieben sich im Wummern der Bässe durch ein Loft, überall Turnschuhe, die jetzt Sneakers heißen.

Das hat immerhin den Vorteil, dass ich von all den Zehen verschont bleibe, die sich mir im Sommer aus Schlappen entgegenrecken. Füße, an denen der zweite Zeh viel zu lang und oft genug behaart ist.

Alle bemühen sich redlich, Erfolg und Sexiness zu verkörpern. Aber das ist kein Spiel. Hier ist keine Geste überschäumend, alles ist kalkuliert.

Der Typ auf dem Sitzpuff gegenüber hält sein Bier lässig zwischen zwei Fingern und dem Daumen, so wie eine Bockwurst. Es soll Leichtigkeit andeuten. Er stemmt sein Bier nicht, er pfeift es sich beiläufig rein.

Wahrscheinlich denkt gerade irgendjemand dasselbe über mich, beobachtet mich aus der hinteren Ecke des Raumes auf meinem Sitzpuff, auf dem ich vor mich hin starre, und woher soll er wissen, dass es nur aus Ratlosigkeit ist?

Auch Posertown glaubt an die Kraft des gepanzerten Ich$^{®}$. Verdächtig sind immer die anderen. Ich winde mich unter diesem Schwachsinn, möchte sie alle in Grund und Boden lächeln, aber was für ein kleinlicher Gedanke, nicht besser als all die überflüssigen Gesten.

Für Arroganz gibt es keine Entschuldigung.

Aber wer bin ich, mich zu beschweren? Von Zeit zu Zeit leide ich unter misanthropischen Anfällen, die wie Schnupfen über mich kommen. Vielleicht ist es die Hektik der Stadt, die ihren Tribut fordert. Vielleicht ist es auch das große Gefangenendilemma der gesellschaftlichen Subjekte, die es nie schaffen, eine kritische Masse zu bilden.

Mit saurer Miene laufe ich durch die Straßen und finde alle, die mir entgegenkommen, zweifelhaft, versuche, sie anhand ihrer Gesichtsausdrücke eines Vergehens zu überführen, dessen sie sich gar nicht schuldig gemacht haben, aber ich frage nicht nach, denn ich kenne sie ja nicht.

Heimlich belausche ich ein Gespräch an der Kasse im Supermarkt, in der Kneipe am Tresen, im Zug, ein Gespräch, dessen Kontext ich nicht kennen kann, aber ich will Sätze, die ich aufschnappe, falsch verstehen können und mich echauffieren über Unbedarftheit, Klugscheißerei oder Hippe-Sau-Getue. Ich will eine Bestätigung für meine Unterstellung, dass man auf die graue Masse nicht rechnen kann.

Ortegas Aufstand der Massen ist einem Schlaf der Massen gewichen, eingenickt unter dem Bombardement des Entertainments, in das selbst Katastrophen und Krisen wie diese noch verwandelt werden. Ihr wacht doch nur auf, um weiter zu konsumieren, denke ich, und euch in die Tasche zu lügen.

Ich bin kurz davor, mich dem bohrenden Nihilismus zu ergeben, die ganze Donquichotterie hinzuwerfen, denn ist es das nicht, was ich mache, wenn ich hoffe, die Welt ließe sich doch noch aus den Angeln heben?

Pass auf. »Der Hund des Zweifels schläft leise. Er könnte aufwachen und deine Überzeugung anbellen, und du wärst verloren«, ließ Feuchtwanger den alten Musa Ibn Da'ud sagen.

Lass den Hund des Zweifels weiterschlafen. Geh raus und mach die Augen auf. Da ist keine graue Masse.

Rechts und links von dir wohnen Menschen.

Ich höre in die Stille und meine ein Murmeln zu vernehmen, das durch die Städte, durchs Land rauscht. Ja, da ist doch was: Sie sind dagegen, und sie werden langsam mehr.

Gegen Bereicherung. Bin ich auch.
Gegen Überwachung. Bin ich auch.
Gegen Armut. Bin ich auch.
Gegen Faschos. Bin ich auch.
Gegen Wucher. Bin ich auch.
Gegen Umweltzerstörung. Bin ich auch.
Gegen Waffenhandel. Bin ich auch.
Gegen den Irak-Krieg. Bin ich auch.
Gegen Rassismus. Bin ich auch.
Gegen Sexismus. Hey, bin ich auch. Gimme Five.

Ich bin sogar gegen noch mehr.

Gegen die Berliner Republik und ihren Neoimperialismus.
Gegen Schwarz-Rot-Gold.
Gegen den Kapitalismus.
Gegen Privateigentum an den Produktionsmitteln.
Gegen den Sozialismus.
Gegen Fundamentalisten jeder Couleur.
Gegen Gott.
Gegen Richard Dawkins.
Gegen Che-Guevara-T-Shirts.
Gegen Gedankenlosigkeit.
Gegen intellektuelle Faulheit.
Gegen … noch mehr.

In Nächten wie diesen bin ich so dagegen, dass es mir fast die Luft nimmt. Die Menge pogt und grölt, während Bonaparte »Anti, Anti« ins Mikro brüllt. Ja, ja, anti, anti, und ich gröl mit. Opposition ist Pop.

Aber hörst du das? Die Maske ist noch nicht fertig, doch das Ende geht im Tosen unter. »I won't say no – it's yes, I say.«

Ich will auch yes sagen. Aber yes wozu? Wofür bin ich?

Opposition ist nicht genug.

Der Hund des Zweifels zuckt im Schlaf mit den Beinen, während ich weitere Worte in die Tasten haue. Ich will an die Kraft des Wortes glauben, daran, dass all die Megatonnen Tinte, die geschrieben wurden und werden, etwas verändern. Aber immer wieder taucht dieser Satz von Erich Kuby in meinem Kopf auf: »Mit Schreibmaschinen ändert man das System nicht.«

Die Dissidenten haben die Schreibmaschinen gegen Computer eingetauscht, schreiben noch entschlossener gegen die Verhältnisse an, der Output ist gewaltig angeschwollen, und doch kommen immer wieder nur Analysen und Pamphlete heraus. Lauter rechtschaffene Empörung, so viel Empörung war schon lange nicht mehr wie in diesen Tagen. Wer wird die glasklaren Sätze hervorbringen, die den Deckel des Wasserkessels davonschleudern können und wie ein Strahl kochend heißen Dampfes in die Verhältnisse hineinstieben?

Nicht so ein laues Zeug wie »Eine andere Welt ist möglich«. Wer das noch mal behauptet, muss es hundertmal in Schönschrift aufschreiben.

Auch nicht Kurz'sche Wut wie »Der Inhalt der Befreiungsbewegung kann nur die kategoriale Kritik am gesellschaftlichen Formzusammenhang des modernen warenproduzierenden Systems sein«, die schon kalt ist, bevor man den Satz überhaupt zu Ende gesprochen hat. So richtig er ist.

Wortgewaltig kreisen die Dissidenten die Gegenwart ein, aber bevor sie einem Adler gleich auf sie herabstürzen können, um sie zu packen, ist sie schon in die Zukunft entwischt. Wie finden wir heute die Worte für morgen? Die wir nach vorne schleudern und die uns morgen, wenn wir nach einer unruhigen Nacht erwachen, vor Augen stehen und mit enormer Wucht alles klar erscheinen lassen, einmal auf der Höhe der Zeit?

Vielleicht ist dies ein Ding der Unmöglichkeit und unsere Wortgewalt reicht wirklich nur für Mantren, die unser Nervensystem manipulieren, auf dass wir uns in Bewegung setzen und dabei feststellen:

Handeln heißt erkennen.

Meine Gedanken schweifen in die Ferne der »anderen Welt«, wo der Tross der Protesttouristen seine Illusionen nachlädt. Draußen sind es jetzt dreißig Grad im Schatten, und es staubt nicht mehr. Ein Begrüßungskomitee hält ein Schild hoch: Welcome to the IPZ.

Was ist die IPZ?, frage ich mich auf dem Weg zum Bus. Orientierungslos halte ich noch zwanzig Minuten durch. Serpentinen, einer kotzt. Die Antwort ist der Strand. Hier muss alles wunderbar sein, denke ich, als ich in den endlos blauen Himmel blinzle und verzückte Traveller an mir vorbeischweben.

Sie diskutieren leise, wie viel besser die Dreadlocks hier geflochten werden, und wie viel billiger erst. Geld ist also nicht mehr wichtig, durchfährt es mich erleichtert, hier ist keiner mehr Materialist, ein Palmenblattwürfel genügt zum Glück, zwei mal zwei Meter im Grundriss, und fünfzig Meter bis zur Wasserkante. Für lächerliche 100 Peseten – oder waren es Rupien? Wo bin ich noch gleich? Ach egal, wir sind alle Internationalisten. One world, one party.

Hinten am Ende des Strands kaufe ich mir gleich Batikhosen, die hier alle anhaben. Ein paar Typen fahren auf Motorrädern vorbei, sie haben ganz kurze Haare, wie Mönche, und hinter sich tolle braungebrannte Frauen. Mich haut's um. Ich lass mir auch die Haare schneiden.

Während ich beim Strandfriseur auf einem Stuhl hocke, kommen immer mehr Leute vorgefahren. Der Beat wird lauter. Ich schau auf meine Uhr, gerade fünf – und die Meute tanzt. Wie früher im E-Werk. Als ich mich geschoren erhebe, raven gut und gerne zweihundert Leute. Einige trinken, alle strahlen.
Ich gehe zur Bar und bestelle ein Bier. Der Inder – oder ist's ein Grieche? – reicht mir die Flasche und lächelt.

Mensch, hat der gute Laune, obwohl er doch als Einziger von allen arbeiten muss. Die gute Laune steckt an, da schmeckt das Bier gleich besser. Ich lasse alle meine Gedanken fahren. Keine Fragen mehr. Kein Aufbegehren.

Bei 30 Grad schmilzt das politische Bewusstsein.

Ich muss mir jetzt reinen
Wein einschenken können die wenigsten
ohne Tropfnasen perlt das Wasser
vom Fenster habe ich
freie Sicht bis zum Horizont fordere ich
für alle wird das Leben immer mehr
zum Kasino geht es rechts
um die Ecke denken ist keine Frage
von Kreativität allein ist noch niemand
satt geworden sind nur
die Skrupellosen haben es leichter
im Leben muss man immer wieder
Kompromisse eingehen gilt
als Schwäche wollten sie ihm das
auslegen muss er das Geld
Gott sei Dank nicht in England dachte
ich muss meine Gedanken in noch klarere
Worte fassen selten die Wirklichkeit ohne
Illusionen zusammen mit Leidenschaft enden oft
im Unglück sind wir vereint zu
Schicksalsgemeinschaften suchen wir uns
nicht aus freien Stücken ändern wir
unsere Meinung interessiert hier sowieso
niemanden würde ich heute für integer
genug halten nichts mehr
von Politik erwarten wir uns
kaum etwas macht so viel Furore wie
soziale Netzwerke ersetzen nicht
die Gesellschaft muss den Gürtel enger
schnallen wir uns
also an diese Möglichkeit hast du
gedacht haben das vor dir
schon viele haben sich zurückgezogen
in die Familie setzen sie
all ihre Hoffnungen ruhen nun
auf seinen Schultern habe ich als Kind gerne
gesessen hat er übrigens
ganze drei Jahre bleiben uns noch für
die grüne Wende hat der Minister gesagt wird
kommen wir damit durch frage ich
Justus Aardvark trifft den Nagel auf Kopf:
Word association football is the favourite game.

Mit 60 beats per minute bin ich aufgewachsen, ein Takt, auf den das Leben seit Jahrhunderten synchronisiert war. Zu langsam für das 21. Jahrhundert.

Je schneller die aufkeimende Weltgesellschaft wächst, desto höher muss die Kommunikation getaktet sein, wenn ein globales Gespräch möglich sein soll. Je mehr zu Wort kommen sollen, desto weniger Worte dürfen sie machen. Habermas wird hochgepitcht.

Eine Zivilisation auf Speed entsteht, die sich von Info-Burgern und Fast Knowledge ernährt. Erkläre die Quantenmechanik auf fünf mal fünf Zentimetern, deine Geschäftsidee in zwei Minuten, analysiere ein Weltereignis in zwei Sätzen und sechs Sekunden. Al Qaida hat das World Trade Center runtergeholt. Das war eine Kriegserklärung von Osama Bin Laden. Nächstes Thema.

E-Mail hat die große Beschleunigung in Gang gesetzt, globale Kommunikation in Echtzeit, aber noch 20. Jahrhundert, 60 beats per minute. Schon Geschichte. Wer liest heute noch E-Mails, in denen ein Gedankengang, was für ein Wort, entfaltet wird?

SMS hat die Maßeinheit für relevante Aussagen auf 160 Zeichen verkürzt, aber das ist immer noch zu viel, Twitter geht auf 140 runter. Zum ersten Mal wird Kommunikation vom Kontext befreit, sagt M euphorisch. Ja, großartig, wie im Strom der Mitteilungen ein »Ich hol mir einen Kaffee« auf derselben Stufe steht wie die Nachricht, dass im Nahen Osten wieder ein Krieg ausgebrochen ist.

Gründe, Gedanken, Argumente werden in Verweise auf altmodische Textkörper abgeschoben, die keiner liest. Aber schön, dass wir uns darauf aufmerksam gemacht haben, dass wir mehr lesen können, wenn wir mal ein paar freie Beats zur Verfügung haben. Was nie der Fall sein wird, weil eben schon wieder 23.153 neue Mitteilungen rausgejagt worden sind. Die Aufklärung löst sich im globalen Rauschen auf.

Es wird nie wieder so sein wie damals, als es noch keine Handys gab.

Wer vorne sein will, wird heute Symbolbearbeiter, Pixelschieber, Info-Burger-Bräter.

Da hat sich das Bürgertum eine schöne Suppe eingebrockt. Und alles nur, um endlich die blöden Arbeiter, Bauern und Handwerker loszuwerden, die nie begreifen wollten, welch herrliche Zeiten angebrochen waren, damals, als der Adel weggeputscht wurde. Wenn diese undankbare Bagage das nicht goutiert, wird sie wegrationalisiert.

Der Plan war zu erfolgreich: Die neue Maschinenwelt wirft längst nicht mehr genug Profit ab. Also muss Plan B her, die Produktion von Informationen, Daten und Know-how, mit denen wir noch mal Milliarden machen.

Auch ich bin ein Teil dieses Plans. Das wusste ich noch nicht, als ich an die Uni kam mit der naiven Vorstellung, hier gehe es um Erkenntnis und Bildung. Eine Erkenntnis immerhin: Universitäten liefern den Nachschub für die Front der postindustriellen Wissensökonomie.

Und schon wieder geht der Schuss nach hinten los, die neuen Wissensarbeiter nehmen die Propaganda ernst.

Sie strecken dem alten Bürgertum die Zunge raus, nennen sich digitale Boheme und glauben allen Ernstes, sie seien eine kreative Klasse, die den Laden übernehmen wird und neue Spielregeln aufstellen kann. Sie sind überzeugt davon, dass sie den Rubel am Rollen halten.

Ich war es auch, bis die Ernüchterung mit einem Satoriblitz im Kühlschrank kam. Weiß leuchtete mir die große Illusion dieses neuen Zeitalters entgegen: All die Daten sind nur Fettaugen auf der Wirklichkeit.

Bits ersetzen keine Proteine, Baumwolle besteht nicht aus Einsen und Nullen, und Erze können nicht als Datensätze in Bergwerken abgebaut werden.

Hier ist ein Koan für die digitale Boheme:

Wir trinken Milch.

Jeder Schein, den ich aus dem Geldautomaten ziehe, macht mich zum Komplizen. Wenn ich ihn ausgebe, bediene ich das Papier gewordene Frontend einer gewaltigen Maschinerie, die nie stillsteht und sich unaufhaltsam die Welt einverleibt, Menschen, Landstriche, Meere, ja sogar Atome.

Aber was soll ich tun? Muss ich nicht meine Miete bezahlen? Und wie soll ich sonst in diesem Stadtozean an Lebensmittel kommen? Selbst wenn ich als Individuum Konkurs anmelde, muss ich weitermachen, denn dann gibt der Staat mir Geld, zum Leben zu wenig, zum Sterben zu viel. Rein in die Tasche, raus aus der Tasche in den Kreislauf dieser zweiten Natur.

Über Geld spricht man nicht, habe ich schon als Kind mitbekommen. Es soll ein Mysterium bleiben, das nicht auffliegen darf. Enthüllt wurde mir stattdessen ein Freiheitsversprechen, wenn mir meine Großmutter einen Zehn-Mark-Schein zusteckte, ich durfte damit machen, was ich wollte, und ich konnte ihn gegen irgendetwas eintauschen, das nur für mich war.

Die große Freiheit: Ich muss nur ein Bündel Scheine aus der Tasche holen und damit herumwedeln wie ein Russe an der Côte d'Azur. Wenn es dick genug ist, scharen sich Verkäufer um mich, um mir meine Bedürfnisse von den Lippen abzulesen, als wäre ich ein König aus alten Zeiten. Das ist Fortschritt. Das ist Demokratie – der Adel ist abgeschafft, jeder kann der neue Adel sein.

Teuer erkauft damit, dass ich mich selbst zu Markte tragen muss, meine Arbeitskraft, meine Gedanken, mein Gesicht, dass ich andere darüber entscheiden lassen muss, was ich wert bin. Das Versprechen auf Freiheit mündet nicht in Freiheit; weil ich das Geld ausgeben muss, um meine Schuld zu begleichen, mir gegenüber, will ich nicht den Löffel abgeben, der Bank gegenüber, die mir Geld geliehen hat, und mein Vermieter, mein Lebensmittelhändler, jeder, der von mir Geld bekommt, muss seine Schuld begleichen, und so sind wir am Ende alle über Geld miteinander verkettet. Wie in Ketten gelegt.

Geld ist geronnene Freiheit – sauer.

Der Adel ist natürlich nicht abgeschafft. Unter der Guillotine der Terreur enthauptet, wachsen ihm immer neue Köpfe nach. Die Mode hat sich geändert, kein Puder mehr, sondern die Bräune eines Sonnendecks, keine barocken Paläste, sondern Burgen aus Glas und Stahl. Kapital hat Gottesgnadentum ersetzt, aber der Standesdünkel ist geblieben.

In den Villen von Suburbia reden sie mit mildem Abscheu über das freche, ungebildete Volk. Für ihre Kinder kaufen sie Herrschaftswissen in aller Welt, das auch die Mediokren nach oben spült, an die Schalthebel der Macht oder ins Rampenlicht des Jetsets, zwischen beiden ist eine Drehtür installiert, durch die man federleicht hin und her wechselt, und zwischendurch lächelt man in die Kamera des geilen Boulevards.

Das Telefon klingelt, und die Dame des Hauses geht ran, parliert kurz, das war der Minister, das war der Vorstand, entschuldigt sie sich für die Unterbrechung. Man kennt sich, schachert sich gegenseitig alles zu und parkt es in Liechtenstein oder auf den Cayman-Inseln. Ein paar Mal im Jahr lässt man Quotentellerwäscher aufsteigen, um den Mythos zu nähren, alle hätten die gleichen Möglichkeiten. Auch der Adel hat dazugelernt.

Banken sind Herzöge, Unternehmen sind Fürsten, sie bezahlen dem Volk Brot und Spiele, kein Fest, kein Konzert, keine Ausstellung, denen sie nicht gnädigst mit einer Kapitalspritze geholfen haben. Ihre Insignien prangen überall. Wenn Herzöge wie Merrill Lynch pleitegehen, geht auch die Kultur pleite, so weit ist es gekommen.

Anständig behandelt werden die, die gleichen Standes sind. Wenn du wie J eine kleine Firma gründest, um der Lohnarbeit zu entkommen, musst du tief vor den Herzögen in die Knie gehen. Auge in Auge treten sie auch heute nur anderen Fürsten gegenüber. Marx hielt dem Bürgertum immerhin zugute, dass es den Feudalismus beseitigt habe. Irrtum, es hat ihn restauriert und herausgeputzt. Oder in Lores Worten:

Wir leben in einer Kapitalmonarchie.

Ich denke, also bin ich. Immerhin. Aber mit meinen Gedanken bin ich allein, eine endlose Wiederholung im Spiegelkabinett meines Kopfes. Ich will einen neuronalen Laser bauen, durch dessen Loch mein Ich entweichen kann, will aus diesem selbstreferenziellen Sein ins wahre Sein herauskommen. Um Schluss zu machen mit Reflexionen, Rechtfertigungen, Urteilen, Erwägungen, die am Ende zu nichts führen.

Könnte ein orgiastischer Körper zum Laser des Seins werden, so wie damals im Summer of Love? Ich lasse mich fallen, taumele in Vibrationen, gerate in Raserei, vor und zurück, und immer weiter, es gibt kein Halten mehr, dann zündet der Laser, ich feuere, ein kosmischer Glanz durchflutet mich und reißt an den Wänden des Spiegelkabinetts. Leer sinke ich dahin, aber der Glanz verblasst, das Spiegelkabinett steht noch, die Gedanken kehren zurück und bevölkern mich wieder. Nicht schlecht, aber das war es noch nicht.

Angefixt laufe ich durch die Stadt und wäge die Wucht des Seins aus gierigen Augen und Leibern, die alle Descartes Lügen strafen wollen, die ultimative Transzendenz suchen, den Rausch der Körper. Körper, die sich entblößen, die sich einander öffnen, die sich den Verstand rauben können, dessen sie so überdrüssig sind, auf dass sie sich verlieren. Es scheint ganz einfach.

Doch je genauer ich hinschaue, desto mehr Unstimmigkeiten springen mir ins Auge. Nein, nicht die bigotte Moral von einst, die keinen mehr schert, sie ist vor langer Zeit fortgerissen worden. Es sind Facetten der Kühle und der Berechnung, subtil zuerst, ich trete ein wenig zurück, das Bild wird größer, der Basar kommt wieder zum Vorschein, ja, wo vorher die Moral in den Köpfen nistete, ist nun der Kapitalismus eingedrungen. Mach was aus dir, sei sexy, tausch dich, aber bloß nicht unter Wert.

Die große Inwertsetzung der Körper flimmert 24 Stunden auf allen Kanälen, der Summer of Love ist zum Themenpark umgebaut worden, in dem alles erhältlich ist, und irgendwo bieten sie sogar ein Produkt an, auf dem steht:

Ich ficke, also bin ich®.

Die Geschichte des Kapitalismus ist eine Geschichte der Tumulte. Zehn Generationen haben sich die Zähne daran ausgebissen, dieses System in die finale Krise zu treiben, es loszuwerden, weil es alte Ungleichheit durch neue ersetzte, und wieder brüten Millionen darüber, wie es diesmal klappen könnte.

Die Ludditen zerschlugen die Apparaturen des frühen Kapitalismus, die sie plattzumachen drohten, doch die Propaganda log sie zu Feinden des Fortschritts um, zum Inbegriff des ewiggestrigen Maschinensturms, der nichts begriffen hat. Dabei hatten sie sehr gut begriffen, dass die neuen Maschinen ihnen eine neue Knechtschaft bringen würden.

Die Arbeiterbewegung, besser organisiert und Millionen stark, erschütterte das System immerhin bis ins Mark, mit Gewalt allein war ihr nicht beizukommen, und so wurde sie auf subtile Weise zum Komplizen gemacht. Der Sozialstaat war eine Bestechung von historischen Dimensionen, die lange nicht aufflog. Autos, Fernseher und Waschmaschinen schienen ein akzeptabler Preis für den Pakt mit dem Teufel.

Eine neue Generation rebellierte gegen hohle Disziplin und sinnlosen Konsum, schrien nach Freiheit und einem erfüllten Leben. Die sollten sie bekommen, aber wie, das Kapital wurde vom Sozialstaat befreit und die Langeweile in einen Kalender verwandelt, der mit Brot und Spielen überfüllt ist.

Als Nächstes werden wir den grünen Kapitalismus bekommen, der Schluss macht mit der Zerstörung der Umwelt und uns sauberes Wasser verkauft zu Preisen, die sich gewaschen haben, saubere Energie, die die Bilanzen der Erzeuger in neuem Glanz erstrahlen lässt, und soziale Netzwerke, die dem Kontrollstaat die Arbeit abnehmen.

Wir können an den Festen dieses Systems rütteln, es gar auf den Kopf stellen wie im Mai 68. Wenn sich die Tränengasschwaden verzogen haben, stellen wir fest, dass die Gesetze der Schwerkraft nicht aufgehoben sind. Kapital rieselt weiter auf Kapital, die Akkumulation ist ungebrochen.

Das System ist eine Sanduhr.

0:19 Je weiter die Schulzeit zurückfällt, desto absurder kommt mir die ganze Veranstaltung vor. Ein Hardcore-Camp für Drohnen mit zwei linken Händen, unfähig, irgendetwas Nützliches herzustellen. Die angehäuften Fakten: ein Drittel Wissen, zwei Drittel Schrott. So wird Abhängigkeit produziert.

Was folgt, ist ein Random Walk durch eine Welt ohne Koordinaten.

Es gibt zehn Bonuspunkte für ein Wissensnugget, das am Wegesrand aufgelesen wird. Bei zehntausend Punkten darfst du aufs nächste Level, das leider keine Bedeutung hat. Die Sucherei geht einfach weiter, und du kannst selbst hundertmal Gramsci aufgepickt haben, es hilft nicht, weil du nie genug Gramscianer treffen wirst, um diese orientierungslose Welt zu verändern.

Die Wege zur Macht sind allesamt gut getarnte Tunnel durch die Architektur dieses Spiels.

Um herauszufinden, wo sie sind, musst du bezahlen. Und um reinzukommen, musst du noch mehr auf den Tisch legen.

Nur kannst du 99,99 Prozent aller Wissensnuggets nicht zu Geld machen. Die fallen unter die Kategorie »Hobby«. Das heißt, du kannst mit ihnen Pingpong spielen, kannst sie streicheln, runterschlucken, was auch immer.

Gibt es wirklich keinen Ausweg? Was, wenn ich und viele andere ihre Nuggets auftürmen zu einem enormen Pufferüberlauf und das System zum Absturz bringen? Geht das vielleicht?

Das ist seit 1789 nicht mehr gelungen. Dieses System hat inzwischen mehr Fehlerroutinen, als sich irgendjemand vorstellen kann. 1918, 1968, auch das waren Bugs, die irgendwann behoben waren. Wir müssen ganz von vorne anfangen. Raus aus dem Random Walk und die Welt neu vermessen. Blöde Randbedingung:

Es gibt kein Außen mehr.

0:20 Schneegestöber, während L und ich neulich vor einem Restaurant rauchten, das sich dem post-postmodernen Gesundheitswahn beugen muss. Er zog an seiner Kippe und erwiderte: »Natürlich, das System ist total abgefuckt.« Schaute zur Seite, verharrte, als ob ihm gerade etwas einfalle.

Früher hat er mich für so einen Satz ausgelacht, einen Schluck genommen und in die Sonne geschaut. Am übernächsten Tag jettete er dann wieder nach Asien, um weiter im globalen Spiel mitzumischen. Das hat er drauf, und all die liberalen Mantren auch. Vom großen Glauben an das Unternehmertum, an Innovation, an den heiligen Wettbewerb und so weiter.

L hat sie alle durchgespielt, erfolgreich, kosmopolitisch, immer charmant, immer auf jener imaginären Sonnenseite des Lebens, die sich von den Stränden des Pazifiks einmal um die Welt erstreckt.

Dazwischen erste verhaltene Missklänge, Ernüchterungen, Dreck gefressen, runtergewürgt und nach vorne geschaut. L ist immer schon ein Meister des Zwiedenkens gewesen. Ach Quatsch, wir werden nichts ändern, und daraus müssen wir das Beste machen, so what? Dann hat er mich wieder ausgelacht, weil ich etwas Entscheidendes nicht begriffen hätte.

Meine Fantasie hat jedenfalls ausgereicht zu begreifen, was ich sah, als sich die Tür zum ersten Mal einen Spalt öffnete zu jenem Raum, in dem das Rattenrennen stattfindet. Da willst du nicht rein, das willst du nicht mal sehen, und Mann, ich war noch total ahnungslos. Ich ging nie rein, ging immer weiter, wenn die Tür später wieder mal einen Spalt offen stand. Aber darauf will ich mir nichts einbilden, das hat sich einfach so ergeben. Das war keine Strategie.

Ich weiß jetzt, L wird irgendwann rauskommen, die Tür hinter sich schließen und sich nicht mehr umdrehen. Er träumt schon davon, und er wird nicht der Letzte sein.

Völlig sinnlos, den Raum mit dem Rattenrennen ausräuchern zu wollen. Das ist ein Bunker. Den knacken wir nie.

Der Exodus ist unsere einzige Chance.

Auf Demos, selbst im Stadion schwenken sie immer noch mit Inbrunst »Viva la revolución«-Banner. Ich frage mich, ob irgendeiner dieser Bannerträger ernsthaft daran glaubt, wir würden irgendwann als gewaltige Menge durch die Städte wogen und dieses System hinwegfegen. Die Havanna-Show 1959 reloaded, am Straßenrand stehen glückliche Menschen und winken den Revolutionären zu?

Vielleicht haben die Bannerträger ja Berufsrevolutionäre ihres Vertrauens, die ich nicht kenne, Lenin spukt ja schon wieder in einigen wirren Köpfen rum. Das könnte auch die Bartepidemie der letzten Jahre erklären, in Wirklichkeit sind all die Hipster mit Rockerbart die Avantgarde, die nur auf das geheime Zeichen zum Losschlagen wartet.

Aber auch glattrasiert, wer den Bunker der Macht stürmt, wird selbst zum Polit-Zombie. Nicht tot, aber entmenschlicht, ein Schrecken für die Welt.

Holloway hat die Lektion des 20. Jahrhunderts gelernt: »Die Vorstellung, dass die Revolution die Einnahme der Macht zur Abschaffung der Macht bedeutet, ist fehlgeschlagen.« Die Anarchisten wussten das schon vorher.

Warum hat sie keiner ernst genommen? Zu undiszipliniert? Nicht dogmatisch genug? Die bürokratischen Sozialisten sollen endlich die Schnauze halten, sie haben nicht den geringsten Grund, sich erhaben zu fühlen, mit ihrer militarisierten Disziplin, die alles erstickt. Straßenkampf und Bunkersturm sind passé.

Negri wenigstens ist schlau, er sagt: Evakuieren wir die Orte der Macht, anstatt die Konfrontation zu suchen. Der Showdown fällt aus. CNN kriegt keine Bilder. This revolution cannot be televised. Die Deserteure sind die neue Guerilla.

In einer Kiste habe ich noch die Postkarte, die mir D damals in die Kaserne schickte, er kam drei Monate vor mir raus. Die Karte machte mich mit dem MAD bekannt. D wusste ja nicht, wie recht er hatte, als er darauf kritzelte:

Desertiert haufenweise.

Damals hatte ich den Quatsch vom Bürger in Uniform geglaubt. Meine Monate in der Kaserne wurden zu einer persönlichen anthropologischen Feldforschung in einer der ältesten Institutionen in der Geschichte, von der sich aufgeklärte Zivilisten normalerweise fernhalten.

Militär produziert Gewalt, das wissen wir alle, aber wie wird sie vorbereitet? Durch systematisch entwürdigende Dummheit. Ich bedaure es nicht, diesen Irrsinn aus Abrichtung, Hierarchie und Unkommunikation mal von innen gesehen zu haben. In abgewandelter Form entdecke ich ihn seitdem immer wieder.

Dieses Buckeln und Auskeilen, das Einfordern von Gehorsam, das Übers-Maul-Fahren, weil Diskussionen nur Zeit kosten, das Männerbündische, Verstockte, Verdruckste, die militärische Rhetorik, sie sind allgegenwärtig und werden als völlig normal empfunden.

Viele Leute merken nicht, dass wir in einem ökonomischen Weltkrieg sind, geführt von Offizieren multinationaler Produktionstruppen, befeuert von Durchhalteparolen der Regierenden, gefügig gemacht durch Konsumpropaganda. Marken sind Waffen und Märkte Schlachtfelder. Armut ist ein Kollateralschaden.

Wie lange wollen wir noch glauben, wir könnten diesen Kampf stoppen, wenn wir erst mal einen integren Politiker an die Spitze wählen? Obama als Präsident ist eine sagenhafte Story, die mich durchaus berührt hat, aber am Ende ordnet auch er nur die nächsten Manöver an. Im besten Fall schafft er es, die Kollateralschäden zu begrenzen.

Wer befiehlt Obama? Wohl kaum seine Social-Network-Hilfstruppen. Höchstens sein Gewissen, aber das wird am Ende wieder das Gewissen der Macht sein. Wählt ein, zwei, viele Obamas, und nichts wird anders. Die einzige Hoffnung sind Politiker, die nicht mehr exekutieren können, sondern eine Stimme sind. Und eine Skimütze tragen und Pfeife rauchen.

Subcomandante Marcos war der erste Politiker des 21. Jahrhunderts.

Eine Stimme ist nicht genug. Wann kommt der vielstimmige Schrei, der den Exodus ankündigt?

Ja, allmählich begreifen mehr Leute, dass diese Welt in der Krise ist. In einem Theaterstück bekommt ein Nebensatz, der Kapitalismus gehöre abgeschafft, spontanen Szenenapplaus. An Tresen und Tischen wird das K-Wort wieder vorsichtig in den Mund genommen, so als habe jemand jenen imaginären Schimmel davon entfernt, den sich die Leute im Kampf der Systeme hatten einreden lassen. Aber weiter kommen sie nicht.

Die Utopien von einst erzählen sie sich mit dem heiteren Sarkasmus von Klosprüchen. Die professionellen Verbalrevolutionäre, die immer schon alles haben kommen sehen, flüchten sich hingegen in kalte Polemik, weil sie um ihr Monopol der Empörung fürchten. Wo kommen wir hin, wenn sich plötzlich auch anständige Bürger genauso folgenlos über den Kapitalismus empören?

Am Ende sind sie alle beseelt von einer rachsüchtigen Lust am Zusammenbruch, warten nur auf die säkulare Apokalypse, die alles hinwegfegen wird.

Systemcrash, Neustart, Zivilisation X gebootet, und fertig ist die andere Welt. Allein mir fehlt der Glaube.

Ich will eine neue Utopie, horche in Gespräche und Threads hinein, möchte die Leute am Kragen packen und schütteln: Denkt nach, denkt nach! Was sollen wir tun, was willst du tun? Werdet konkret!

Vergeblich. Alle Kanäle sind verrauscht, nur hin und wieder erkenne ich Worte wie »Abschaffung«, »Enteignung«, »Regulierung«, »Solidarität«, aber wer spricht da, wer schafft ab, enteignet, reguliert, ist solidarisch?

Dabei wäre der Systemcrash selbst ganz leicht. Ein gut organisierter Bank Run, alle holen einfach ihr Geld ab, und die Kapitalmonarchie steht nackt da, bar aller Guthaben und damit aller Macht.

Das Ende ist immer so nah und doch so fern.

Im flirrenden Durcheinander des Basars nehme ich andere Stimmen wahr, ein wütendes Zischen hinten links, aber ich kann durch all die Köpfe um mich herum nicht sehen, wer es ist, verstehe nur Fetzen. Aus der Mitte kommen Stimmen, die mich klarer erreichen, wir müssen den Basar retten, bevor er zusammenbricht, höre ich jemanden sagen, sofort, stimmt eine andere zu, so geht es nicht weiter, dritte Stimme, wir können nicht zulassen, dass sie alles kaputtmachen, vierte Stimme, nein, ein ganzer Chor, irgendwo da vorne. Von wem reden die?

Wir kaufen ihnen ihre Stände ab, die sie überall dazwischenquetschen, geht es weiter, dann sollen sie gehen, genau, unter den Pfeilern ist kein Platz für sie, nein, wieder der Chor, sie sollen ihn räumen, sie sind zu spät gekommen.

In der Mitte braut sich etwas zusammen.

Die Weltretter formieren sich, sie haben nachgerechnet, dass wir uns unseren Umgang mit dieser Welt nicht mehr leisten können, ab jetzt muss rationiert werden, die Treibhausgase, die Urwälder, die Äcker. Wir müssen Opfer bringen, sagen sie, weniger verbrauchen. Wir alle.

Aber dieses »wir alle« hat einen verstörenden Unterton, höre ich da eine Drohung heraus?

Eine Drohung an alle, die über die Stränge schlagen, dass die Überwachung im Namen der Umwelt sie überführen wird? Eine Drohung an alle, die auch endlich die Früchte der modernen Zivilisation genießen wollen, die wir im Norden so lange vor ihren Augen in uns reingestopft haben? Ihr seid zu spät gekommen, wird es heißen, ihr könnt mit euren Ländern nicht mehr machen, was ihr wollt.

Unter den Chor in der Mitte des Basars mischt sich ein Nachhall aus Ehrlichs »Population Bomb«, 6,5 Milliarden Menschen sind doch jetzt schon zu viele. Was, wenn es zur Abrechnung kommt, wird für die Weltretter schwerer wiegen, die Würde eines jeden oder die der abstrakten Menschheit?

Die Menschenwürde ist das schwarze Loch der Geschichte.

Ich blättere hektisch durch Bücher, die ich aus dem Regal greife, muss husten wegen des Staubs, wühle mich durch Texte im Netz, finde Gedanken, die einmal prächtige Gebäude waren und jetzt verloren herumstehen wie in den Suburbs von Detroit. Eine Trümmerlandschaft aus 200 Jahren Opposition.

Runtergerockt wie der real existierende Sozialismus, zerschossen wie die spanische Republik von 1936, geplündert wie die Achtundsechziger.

Jetzt ist die Krise da, nach der sie sich links vom Mainstream so lange gesehnt haben, der Kapitalismus ist angeschlagen und erwischt sie doch alle auf dem falschen Fuß. Nirgendwo eine große Idee mit dem Blick fürs Ganze. Nur Trümmergärtner, die Parzellen hegen.

Der Welthandel soll fairer werden. Heißt was? Dass der Freihandel jetzt für alle gelten soll und die De-Facto-Kolonien etwas mehr Geld für ihre Bananen bekommen. Da wird der Bock zum Gärtner gemacht.

Die Finanzmärkte zu regulieren, dafür können sich inzwischen sogar die angeschlagenen Kapitalisten erwärmen. Hauptsache, sie können unsere Zukunft weiter verwetten. Warum wird das globale Wettbüro nicht abgerissen?

Konjunkturprogramme sollen Arbeit schaffen, ach ja, aber gemeint ist nur gut behütete Lohnarbeit. Zurück zum Fordismus, bevor die De-Facto-Kolonien merken, was gespielt wird. Ein schöner Internationalismus ist das.

Verstaatlichen wir Infrastruktur und Banken. Und dann? Wird der väterliche Leviathan dafür sorgen, dass jeder seinen Strom bezahlen kann, um weiter Soaps zu glotzen, und keine Bank mehr Schulden auf dem Weltmarkt vertickt.

In der historischen Stunde stehen die Linken in Fetzen da, weil sie so beschäftigt waren, sich gegenseitig zu verprügeln. Ich mache das Licht aus und lege eine Gedenkminute ein.

Kerzenschein.

Die Kerze knistert und spatzt und geht aus. Die Straßenlaterne bleibt. Wenig Licht. Das Ende der Utopien.

Morus, du hast mit deinem Utopia damals schon alles verdorben, deine Insel war nur eine Gesellschaftsmaschine, die effizient laufen sollte. Sechs Stunden Arbeit für alle, dabei kein Mangel. Aber dann: »keine Weinschenke, kein Bierhaus, nirgends ein Bordell, keine Gelegenheit zur Verführung, keine Spelunken, kein heimliches Zusammenhocken«, schriebst du, »sondern überall sieht die Öffentlichkeit dem Einzelnen zu und zwingt ihn zu der gewohnten Arbeit und zur Ehrbarkeit beim Vergnügen.«

Die Blaupause für allen späteren Gesinnungsterror für das Volk, durch das Volk. Alles geregelt bis ins Kleinste, jeder Winkel ausgeleuchtet, jeder koschere Gedanke fixiert.

Maschinendenken. Ich bin nichts. Du bist nichts. Sollen nichts sein. Nur arbeiten, nur funktionieren. Die kapitalistische Weltmaschine, das listige Utopia der Neoliberalen, oder 200 neue Gesellschaftsmaschinen, wo ist da der Unterschied?

Doch, einen gibt es, die Neoliberalen sind schlauer gewesen und haben ihr Utopia mit dem Banner der Freiheit verschleiert. Gesinnungsterroristen waren immer die anderen, und am Ende sind alle darauf reingefallen.

Gibt es eine Utopie, die keine neue Maschine erträumt?

Ich hab dich nicht vergessen, Kropotkin, aber du hättest das schon etwas frischer formulieren können.

»Wahrer Fortschritt«, schriebst du vor hundert Jahren, »liegt in der Richtung der Dezentralisierung, sowohl territorial als funktional, in der Entwicklung eines Geistes lokaler und persönlicher Initiative und einer freien Föderation vom Einfachen zum Zusammengesetzten, anstelle der gegenwärtigen Hierarchie vom Zentrum zur Peripherie.« Wenn ich dich richtig verstehe, bedeutet das:

Wir schaffen alle Gesellschaftsmaschinen ab.

Die Leichtigkeit ist dahin. Das war vor Jahren, als Django Reinhardt aus den Boxen swingte, Stephane Grapellys Geige zum Herzerweichen schluchzte, während wir lachten. *Liebestraum Nr. 3*, 1937 aufgenommen.

Es war Sonntagabend, wir waren betrunken und rauchten noch eine. Who cares about Globalisierung, Irak und Rentenreform? Schmi hielt sich einen Stofflöwen vors Gesicht und sagte, ich mach ein Hotel in Toulouse auf. Keine Ahnung, wie er darauf kam. Schmi hatte immer irgendwelche lustigen Ideen.

Ich stellte mir vor, wir drei, Schmi, Lore und ich, säßen in Wien, dieser imperialen, morbiden Stadt, und würden uns vom Heurigen berauschen lassen. War Reinhardt je in Wien? Was weiß ich.

Exactly like you, perlte seine Gitarre dann. Na lass sie perlen, ist schon unerreicht. Wieder und wieder guckte ich mir das Plattencover an, wie er versonnen mit diesem Menjoubärtchen über dem Anflug eines Lächelns in die Ferne starrt, die Kippe lässig im Mundwinkel. Kann man das je noch mal leben?

Schmi lachte plötzlich kindisch, finanzierbar, hörte ich ihn sagen und dachte, wovon redet er?, während Reinhardt schon wieder neu die Gitarre anschlug. *Miss Annabelle Lee*. Mein Gott, dieser Swing.

Alles war perfekt in diesem Augenblick. Wir waren hier, wir waren jetzt, wir waren glücklich. Ein großes Wort, aber wahr. Ça va bien, Django.

Schmi stand auf, knutschte Lore und dann mich. Geh noch nicht, einen gibt es noch. *Ain't Misbehavin'*. Ha! war das großartig, aber Lore verstand das anders, verschwand kurz und kam mit einem Rote-Khmer-Helm auf dem Kopf und einem debilen Lächeln im Gesicht wieder. Dann fotografierte sie sich unablässig damit, und Schmi und ich schmissen uns weg vor Lachen. An die Zukunft verschwendeten wir keinen Gedanken. Die Welt verändern?

Mañana.

Zu der Zeit sind wir auch in diese gemietete Villa in Harvestehude geraten. Damals, als der Hype noch frisch war.

Wir kommen rein, und das Publikum ergeht sich in Gerede. Man darf sich wichtig fühlen. Teilhaben am neuen amerikanischen Traum. By invitation only.

Das Sofa in der Ecke erscheint uns als ein guter Platz, dieses Zeitalter totzuschlagen. Wir haben weder Aktien noch Geschäftspläne, erst recht keine Absichten, und darauf trinken wir noch einen.

Am anderen Ende kommt Bewegung auf, und ein kleiner Mann wird in den Raum geschoben, direkt auf unsern Rauchertisch zu. Das Wunderkind vom Time-Cover. Da steht es nun, und ich könnte ihm Fragen stellen, aber mir fällt keine ein, weil ich in Wirklichkeit gar nicht da bin.

Aber wenn man sich nichts zu sagen hat, kann man immer noch über das Leben sprechen. Das Wunderkind erzählt von seinem früheren Leben in New York. Das war ihm irgendwann zu laut, zu hektisch, also ging es nach Seattle, der Hauptstadt des neuen amerikanischen Traums, wo Bill ein Imperium aufgebaut und Kurt sich Schrotkugeln ins Gesicht geblasen hatte. In Seattle ist es ganz beschaulich, sagt das Wunderkind und lacht unvermittelt laut los. Ein ganz und gar irres Lachen.

Der Hofstaat zuckt zusammen und fängt sich augenblicklich wieder. Wenn der König durchgedreht ist, zeigt man besser kein Gesicht. Der König hat immer recht. König Jeff.

Es ist eine coole Zeit.

Jeff redet, reißt Witze, lacht sein Tourette-Lachen und fliegt fast über das Kuckucksnest. Eigentlich ist er ziemlich in Ordnung. Er weiß, dass ihn alle für irre halten. Aber er hat's geschafft, und deswegen können ihn alle mal. Er ist der Tycoon, na und.

Das kann jedem mal passieren.

Jeff Bezos lacht erfrischend bescheuert.

Allerdings wirft König Jeff eine schwierige Frage auf: Wie kommt man mit diesem Lachen an die Spitze eines Imperiums? Hat er sich verstellt, als er damals die ersten Investoren traf, damit sie ihm Geld für seine Idee geben, er hat doch sicher zwischendurch mal einen Witz gerissen und sich ein Lachen nicht verkneifen können, so wie er drauf ist, und dann hätten die Investoren denken müssen, ist der Typ irre, wollen wir dem Geld geben? Aber sie taten es.

War es kühle Berechnung, die sie erwägen ließ, dass einer, der so lacht, so verrückt sein muss, dass er auch genial ist, also eine sichere Bank, in den müssen wir investieren.

Es bleibt ein Rätsel, warum einige nach oben fallen und viele andere nicht, wir wissen, dass es nicht mit Intelligenz oder guten Ideen oder Moral zu tun hat, ob einer Erfolg hat, dem unweigerlich die Macht folgt, die wiederum provoziert, sodass die Subalternen überlegen, mit welchem Blödsinn sie nachziehen könnten.

Tag für Tag können wir die nach oben Gefallenen erleben, im Job, im Showbusiness, in der Politik, und ich kenne keinen, der sich nicht fragt, ob die eigentlich besoffen oder zugekokst oder schwachsinnig sind, dass sie so dünnes Zeug von sich geben, und dennoch sitzen sie da oben an den Schalthebeln und greifen in den Lauf der Dinge ein, der keinen Sinn ergibt, sondern irgendeinem merkwürdigen Attraktor folgt.

Die unten Gebliebenen haben auch ihre Macken, die sich aber nicht von den Macken der nach oben Gefallenen unterscheiden, im Gegenteil wirken deren Macken monströser, vielleicht nur wegen der ständigen Nahaufnahmen, aber ich habe die beunruhigende Vermutung, dass nur monströse Macken zur Macht verhelfen, die in der freien Wildbahn eine Primatengruppe im Handumdrehen das Leben kosten würden, im Dschungel der Zivilisation aber gerade essenzielle Voraussetzung dafür sind, den Alpharang zu erobern. Dieser Dschungel folgt Gesetzen, die noch nicht entdeckt worden sind, sage mir keiner, auch die seien Teil der Evolution. Niemals.

Wir führen Darwin täglich ad absurdum.

Auf der Suche nach den letzten Spuren des anderen Weges landeten auch wir in Kuba und fanden einen Donnerbalken im Bergdschungel. Hier hatte sich also Fidel erleichtert. Auch Revolutionäre sind Menschen.

Die Romantik dieses karibischen Husarenstücks hielt nicht lange. Unten in der Ebene stiegen Lore und ich am Rande einer Plattenbausiedlung in einer Art Bauhaus-Bungalow ab.

Innen Bücherregale voller medizinischer Fachliteratur, der Hausherr Arzt. Für uns legt er sich eine Nacht aufs Sofa, um auf das Auto aufzupassen. Kriminalität im Sozialismus? Man weiß ja nie, sagt er. Am nächsten Morgen verlangt er dafür acht Dollar extra. Ich bin verwirrt, er registriert das, geht kurz rein, diskutiert mit seiner Frau, kommt wieder raus, okay, vier Dollar. In seinen Augen sehe ich dieses Unbehagen aufblitzen, wie peinlich ihm das Ganze ist. Das sagt mehr als zig politische Analyen. Er, der Arzt, ist Castros größter Exportschlager, und dafür kriegt er so wenig, dass er sich an Touristen ranmachen muss.

Schnell weg, aber es wurde nicht besser. Wenn wir mal durch einen Ort fuhren, ohne einen Anhalter mitzunehmen, reckten sich im Rückspiegel Fuckfinger und Fäuste in die Luft. Die Leute hatten die Schnauze voll, und wir mit den Dollars in unseren Taschen waren die ultimative Beleidigung.

Nachts um drei in Havanna half nur noch eine Bar. Am Tresen saß ein verhinderter Hemingway, dazu ein paar Undercover-Nutten und allerlei Schlitzohren. Einer nannte sich Roger Cuba. Toller Name. Unter dem machte er obskure Geschäfte, halblegal, irgendetwas mit Filmen. Roger, was kommt nach Castro? Die Amerikaner übernehmen das Land in vier Wochen. Na und. Es kommt wie es kommt, und ob es besser oder schlechter wird, kann man dann immer noch sehen.

Gutiérrez hat alles dazu gesagt: »Es ist die neue Zeit. Auf einmal braucht man Geld. Wie immer macht Geld alles platt, was ihm im Weg steht. Fünfunddreißig Jahre wurde der neue Mensch aufgebaut. Und das ist jetzt vorbei.«

Der Sozialismus ist eine historische Epoche.

0:31 Die neue Zeit ist eine Zumutung, aber so sehr ich mich auch anstrenge, im Alten etwas Besonderes zu finden, wird es mir immer suspekter, dieses Potemkinsche Dorf der Vergangenheit, das menschlicher gewesen sein soll.

Che Guevaras Traum, ehrlicher Rock'n'Roll von verschwitzten Arbeiterkindern, schöne Autos, proletarischer Fußball, ein gemächlicher Gang der Dinge, Wohnungen mit hohen Decken und Holzfußboden, Geräte, die noch nicht durchgestylt waren und noch weiter zurück, Kopfsteinpflaster, intakte Großfamilien, Leben auf dem Land, die Großmutter half noch bei der Kartoffelernte mitten im Ruhrgebiet, die Menschen wussten noch, wo sie hingehörten, blablabla.

Es gab Jahre, in denen auch mich dieses Nostalgiesyndrom gepackt hatte, das auf den Flohmärkten der Städte wie eine Droge verbreitet wird, eine nachträgliche Konstruktion der guten alten Zeit, in der Frauen nicht mal Verträge abschließen durften, Schwule und Lesben verfolgt wurden, Prügel eine pädagogische Maßnahme war und Sex des Teufels, Macht und Kommerz genauso regierten wie heute, und so weiter.

Das kollektive Gedächtnis hat vergessen, wie es hinter der Retro-Oberfläche zuging, im religiös-patriarchalen Kapitalismus. Jetzt wirkt die Oberfläche wie ein Pflaster auf den Wunden des neuen globalen Kapitalismus, der den Traum der Futuristen verwirklicht und den Muff von tausend Jahren hinweggefegt hat.

Aber auch das täuscht, denn es war der globale Kapitalismus selbst, der das Pflaster als Produkt gleich mitlieferte, sehr clever, auf dass sich die Verwundeten pflegen und der Illusion hingeben können, sie hätten ihre Identität gegen den Coca-Cola-Imperialismus verteidigt. Da löffeln sie »Oma's Marmelade« aus der transnationalen Produktion der Traditionen und merken nichts.

Cut. Die globale Truman Show wird abgesetzt. Die gute alte Zeit kommt in die Requisitenkammer.

Tradition ist nicht mehr als eine Straßenlaterne.

Aber mit den neuen Futuristen möchte ich mich auch nicht gemein machen. Die Ecken und Kanten haben sie im Windkanal abgeschliffen und liefern alles in weiß und metallisch oder in transluzenten Farben. Auch diese Warenwelt folgt einer Erzählung.

In den Hörbüchern der PR-Maschinerie klingt sie dann so.

Ihr sollt euch nicht länger weh tun, wir möchten euer Leben bereichern, nicht uns selbst, wir haben hart an uns gearbeitet und aus unseren Fehlern gelernt. Ihr seid die Kunden, die wir nun ernst nehmen, es geht um eure Bedürfnisse, für die wir die tollsten neuen Funktionen integriert haben.

Und wir wollen auch nicht länger diesen Planeten plündern, indem wir ihn mit Abfall überziehen, nein, Effizienz ist uns heilig, eigentlich war sie das immer schon, aber offenbar haben wir das schlecht kommuniziert, also haben wir unsere Produkte so gestaltet, dass unsere guten Absichten klar erkennbar werden.

Natürlich ist das nicht die ganze Geschichte.

Nach den Psychologen sind die Hirnforscher rekrutiert worden, um noch tiefer ins Konsumentenhirn zu schauen und neue Trigger zu entdecken. Denn wo kämen wir hin, wenn die Leute plötzlich sagten, sie seien zufrieden mit dem, was sie haben? Sie sollen konsumieren, dass es kracht.

Funktionen, Bedürfnisse? Es geht darum, den nächsten, noch mächtigeren Kaufimpuls zu finden.

Die Kunst des Drehbuchschreibens hat der Sache zuletzt den entscheidenden Kick gegeben, als die Strategen begriffen, dass man um das Produkt eine Geschichte erzählen muss, in der sich der Konsument nicht nur wiederfindet, sondern eine Rolle spielen will, um sich gut zu fühlen. Der letzte Schrei ist die Story von einer nachhaltigen, besseren Welt, die durch Milliarden kluge Konsumakte entstehen wird.

Form follows fiction.

Von der Wand glotzt blöd ein ausgestopfter Hecht herab, daneben eine Elchschaufel, ein Achtender, eine Ente. Auf meinem Teller liegt mürber Wildschweinbraten in einer braunen Soße mit Schatten von Kartoffelklößen, die sich ohne jeden Geschmack auf dem Gaumen verlieren.

Es war so eine alte Welt, in die mich meine Tante mitgenommen hatte. In den grauen Gesichtern um mich herum erahnte ich kleine Freuden und größere Niederlagen. Frauen waren mit blonden Strähnen in Kurzhaarschnitten verunstaltet, Männer trugen stolz an ihren Bäuchen, saßen um dünnes Berliner Bier herum.

Mittelmaß, für das die Welt bis zum Mittelmeerhorizont reicht, denke ich und schäme mich doch für meine Verständnislosigkeit, meine Distanz, aber dieser deutsche Sonntag ist nichts für mich, mit seiner gehäkelten Ästhetik, seiner Bräsigkeit, tief verschanzt hinter den sieben Bergen bei den sieben Zwergen, wo jeder Bürger ein Tellerchen, ein Becherchen und ein Messerchen, das er wetzen kann, hat.

Noch während die Sonne hereinscheint und alle ihre Gabeln in den fahlen Käsekuchen schlagen, zerreißt die Wirtin mit ihren Klagen den Schleier des Bei-sich-Seins. Mit einem Mal mischt sich ein Zähneknirschen in das Rauschen der Blätter im Hof, mahlen angespannte Kiefer Wut in Häppchen, die sie noch runterzwingen können, aber die Angst, dass die Wirklichkeit hereinbrechen könnte, lässt sich nicht mehr kaschieren.

Was passiert, wenn dieses deutsche Mittelmaß, das die Probleme nur bei den anderen und nie bei sich selbst entdeckt, sich an seiner Wut verschluckt und einer gebraucht wird, der ihm auf den Rücken klopft? Wird es dann ein Bäuerchen machen, auf dass die Stadt süß-säuerlich riecht und Degenhardt sich erneut erbricht? Wird es gar wieder ein imperialer Rülpser?

Auf der Rückfahrt starrte ich mürrisch in die bleiche Herbstsonne und wünschte mir Drogen für alle.

Wut ist ein schlechter Trip.

Dieser Globus ist mir schon lange unheimlich. Wo immer ich auch hinkomme, beobachte ich eine seltsame Verwandlung, die lustig wäre, wenn sie in einem Comic stünde.

Die erste Irritation hatte ich in Asien, als ich mich über den sorgfältig gescheitelten Kolonialhaarschnitt von Männern jeden Alters wunderte. Hatten die vor dem Kolonialismus genauso ausgesehen, ja, waren diese Länder wirklich seit Jahrzehnten unabhängig? Saigon, Bangkok, Phnom Penh etc., überall der gleiche Scheitel.

In einem Backpacker flimmerte ein indonesischer Werbespot über die Mattscheibe, eine adrette Familie, Vater, Mutter, nur zwei Kinder, sehr gepflegt, diskutierte am Frühstückstisch vor einer blendend weißen Einbauküche über Cornflakes. Reis und Suppe zum Frühstück, lautete die Botschaft, ist von gestern.

In Botswana kamen die Leute in der tiefsten Pampa am Morgen geschniegelt aus ihren Rundhüttenhäusern, manche Männer sogar im Anzug, die Frauen mit frisch gebügelten Blusen. Überhaupt diese adretten, leicht keuschen Blusen, sie begannen mich zu verfolgen, in Bussen, auf Märkten, in Zügen, auf allen Kontinenten scheinen sie Saris und andere Kleider zu verdrängen.

Entwicklung nennen Weltpolitiker das, wenn die neuen Mittelschichten erst die Glotzen, dann die Klamotten und irgendwann auch noch Essen, Möbel und Lebensstil modernisieren, und am Ende kommen die gleichen Spießer wie hier heraus.

Es ist, als ob sich Moebius' Proto-Königin der Berk diesmal mit einem frommen Buchhalter aus Ludwigsburg oder Lille gepaart hat, um ihre Milliarden Nachkommen für die nächste Generation zu zeugen, und fortan sind alle Berks das Abbild eines mitteleuropäischen Kleinbürgers, einer sieht aus wie der andere. Überall auf der Welt. Wir nennen das Globalisierung. Aber es ist nur die neueste Ausgabe einer uralten Tragikomödie.

Zivilisation ist eine Kettenreaktion.

Das Irre ist, dass all diese neuen Mittelschichtler der Welt ahnen, dass sie einfach nur Berks sind, und deshalb sind sie so sauer auf den Westen, also vor allem auf den kleinbürgerlichen weißen Spießer, dem sie immer ähnlicher werden. Den Frust kann man ihnen wahrlich nicht verdenken.

Ja, blöd nur, dass dieser Oberberk so viele tolle Gadgets hat, die die Drittweltberks auch haben wollen. Und schon klafft überall diese Schere im Kopf, der Westen ist kalt, materialistisch und verkommen, aber die Nicht-Westler sind es natürlich nicht. Sie werden alles anders machen, auch mit den Gadgets.

Nicht mal in Indien mit seinen Millionen Göttern machen sie es anders. Während wir in Udaipur in einem Mittelschichtladen, Vorsicht: Berks!, Stoffe anschauten, schimpfte die freundliche, wohlgenährte Schneiderin auf die verkrachten Familienverhältnisse des Westens, in denen die Generationen nicht mehr zusammenleben, auf die westliche Geldgier, um anschließend ungerührt von ihrem großen Berk-Haus zu erzählen, in dem sie mit ihrem Mann ganz alleine wohnt, die zwei Söhne sind erwachsen und ausgezogen. Zwei Söhne. Gegenüber von ihrem Laden wohnte eine Familie mit zehn, elf Köpfen in einem einzigen großen Zimmer, da war der Bär los, während wir diese Tiraden hörten und immer mal rüberschauten.

Ein langhaariger, weißgewandeter Bärtiger stimmte am Ufer des Ganges ein Loblied auf Geld, das beste aller Geschenke, an. Langsam verstand ich, warum Bhagwan all seine Rolls Royces so liebte. In einem Zug verwickelten mich drei Inder in ein Gespräch über Business Opportunities, nein, nicht Touristennepp, sondern richtige internationale Geschäfte, Export und so. Sie waren enttäuscht, dass mich das nicht interessiert.

Es ist schon klar, dass die Menschen überall der Armut entkommen wollen. Und doch landen auch sie in derselben Falle wie die Westler, der Kapitalismus verwandelt die universelle Hoffnung auf ein gutes Leben in einen universellen Konsumzwang, der die Kulturen transzendiert.

Alle Menschen sind Materialisten.

0:36 Der Kapitalismus, sagt R, ist deshalb so erfolgreich, weil er uralte Mythen wahr werden lässt. Das Schlaraffenland und besonders die Siebenmeilenstiefel, den Rausch der Geschwindigkeit. Die Siebenmeilenstiefel des 20. Jahrhunderts haben vier Räder.

Für C war es damals keine Frage, was er täte, wenn er ein reicher Popstar würde. Als Erstes kaufe ich meiner Mutter einen Mercedes, sagte er völlig ernst, obwohl er selbst auf einem ganz anderen Trip unterwegs war. Da war wohl eine kulturelle Codezeile am Werk. Wenn Geld, dann Mercedes.

Jahre später, ich hatte C leider aus den Augen verloren, sitze ich auf Java in einem entlegenen Bergdorf im Esszimmer eines Backpackers. Zwei junge Typen, die zu dem Laden gehören und Java noch nie verlassen haben, spielen auf der Gitarre Songs von 60er-Ikonen wie John Lennon, imagine there's no heaven und so weiter. Hey, denke ich, coole Sache. Als wir uns später über das Leben unterhalten, meint der eine, wenn er je zu Geld käme, würde er sich einen Mercedes kaufen.

Ich fand die Vorstellung völlig bizarr, wie er mit einem Mercedes über Schlaglöcher zwischen Reisfeldern den Berg raufbrettert, weit weg von jeder Stadt. Aber es musste für ihn ein Mercedes sein, kein Honda, kein Toyota, solche Allerweltsautos.

Der Westen exportiert Träume. Leider nicht nur John Lennon.

Wenn die realen Dinge irgendwann folgen, exportiert er alle Strukturen hinterher, ohne die bald nichts mehr geht. Kapitalverhältnisse, Technologien, Energiesysteme. Die Kettenreaktion setzt ein und verändert Landstrich um Landstrich.

Natürlich können wir den Leuten dort sagen, dass sie auch Albträume importieren. Aber sie haben das Recht, den ganzen Schrott zu wiederholen. Irgendwann werden sie hoffentlich aufwachen und merken:

Ein Mercedes am Titicacasee ist immer noch ein Mercedes.

Unter der Zimmerdecke verläuft noch eine alte tote Gasleitung, spindeldürr, nicht so beeindruckend wie die bulligen Rohre in *Brazil*, aber man soll sich nicht mit Äußerlichkeiten aufhalten. *Brazil* ist keine Farce irgendwo im 20. Jahrhundert, sondern hier und jetzt. Suspicion breeds confidence, bläuen uns die Minister mit säuerlicher Miene immer wieder ein, denn sie müssen es ja wissen, dass die Terroristen mitten unter uns sind, mal mit, mal ohne Bart, und den Kameras sei Dank, dass ich ohne Angst um Leib und Leben konsumieren kann.

Das politische Gespür selbst von kritischen Freunden ist 1984 stehen geblieben, bei diesem Schauermärchen aus dem letzten Jahrhundert, in dem die Subjekte ausgemergelt und gebrochen vor sich hin existierten. So sieht hier keiner mehr aus, bis auf den Säufer vorm Penny vielleicht, nein, die Subjekte von heute haben einen gesunden Teint und trimmen ihre Attraktivität mit Schnitten ins lustlose Gewebe, während in verborgenen Basen die Folter rehabilitiert worden ist.

Der öffentlichen Beschallung entnehme ich, dass wir nicht kleinmütig werden sollen, nur wegen der einen oder anderen Bedrohung, die zwischendurch kurz aufblitzt. Der Chef, ist es wirklich eine Frau, verspricht, dass wir Freiheit, Sicherheit und Wohlstand wahren, wenn wir jetzt nicht in Panik verfallen.

Die Fundamente der unsichtbaren Mauern stehen schon, nun werden sie höher gezogen, bis sie über uns zusammenkommen, und dann soll der ganze gierige Rest draußen zusehen, wie er auf dem Planet of Slums glücklich wird. Fehlen nur noch die Schönwetterkanonen und der Gesellschaftsschutz, aber die Prototypen funktionieren bereits, Peking macht es vor.

Rufin, den hier keiner gelesen hat, weil er Franzose ist, zitiert Tocqueville: »Die Art der Unterdrückung, die den demokratischen Völkern droht, wird mit nichts, was ihr in der Welt voranging, zu vergleichen sein.« Jede Krise ist eine Chance, und diese Krise ist eine globale Chance.

Von *Brazil* führt eine Autobahn nach *Globalia*.

0:38 Ja, Allen, auch ich sah die besten Köpfe meiner Generation

zerstört vom Wahnsinn der fortgesetzten Beschleunigung und der Allgegenwart fremder Ansprüche,

die sich die Köpfe auswrangen mit triefenden Augen zu absurdesten Tageszeiten in Bergwerken des Symbolismus und dies Kreativität nannten,

die ihr Leben aufsparten für hohle Versprechungen von Größe, Macht und Befriedigung, die ihnen wie Hundekuchen lässig hingehalten wurden,

die aufhörten Fragen zu stellen, weil sie die Regeln des Lebens für geklärt hielten und glaubten, sie meisterlich ausspielen zu können, dabei auf niemanden Rücksicht nehmend,

die sich in Would-Be-Exzessen ergingen und im Augenblick der Wahrhaftigkeit in Ironie flüchteten,

die Leben nur dann für authentisch hielten, wenn sie es gekauft hatten und damit Exklusivität der Sinne herstellen wollten,

die penetrant souverän parlierten und plötzlich für Sekundenbruchteile

mit dem Zucken eines Mundwinkels ihr schmerzhaftes inneres Korsett preisgaben, das Korsett des Erfolges, das sie sich hatten anlegen lassen, trunken von der Aussicht, dazuzugehören,

die sich anmaßten, mal eben zweieinhalb Generationen als anachronistischen Bullshit entsorgen zu können,

die ihresgleichen mit ökonomischen SM-Spielchen triezten, dabei mit ihrem Spielgeld um sich werfend bis zur Besinnungslosigkeit gut drauf waren,

und dabei eins vergessen hatten:

Die Beatles hatten recht.

all you need is love

Das ist das Leben nach Paragraf 1024 der unverbrüchlichen Ordnung, erst wirst du mit Halbwissen gefüttert, dann darfst du eine Weile dagegen rebellieren, auch wenn die anderen es hinter deinem Rücken belächeln, schließlich findest du dich zurecht und kommst unweigerlich zu dem Schluss: Get real. Sei nicht kindisch. Sei ein guter Bürger. Dann bist du angekommen.

Das Verrückte ist, dass es funktioniert. Wie oft habe ich mir Geschichten von jugendlichem Aufbegehren angehört, von Leuten, die mit zwanzig stramm links oder punk waren und heute mit den Augen rollen, wenn sie davon reden, so als ob sie eine weit verbreitete Krankheit durchgestanden hätten. Jetzt pflegen sie ihre Depots, zählen ihre Kröten, fangen an Golf zu spielen und kommentieren das Geschehen mit mildem Zynismus. Ein kleiner politisch unkorrekter Witz hier, den wird man ja wohl noch machen dürfen, eine Breitseite gegen alle Unverbesserlichen da.

Die eigentliche Krankheit ist die: das Julie-Burchill-Syndrom. Sie befällt hoffnungsvolle Individuen so Mitte zwanzig. In harmloseren Fällen äußert sie sich in dumpf-glücklicher Apathie, die zum Beispiel beim Einlösen eines Bausparvertrags einrastet, nicht selten aber in bösartigen Schüben von Konservatismus, in denen Perversionen wie humanitäre Kriege gelobt und antigesellschaftliche Ressentiments keuchend erbrochen werden.

Ja, Julie Burchill war so ein hoffnungsvolles Individuum, das sogar das Glück hatte, die Sex Pistols zu rezensieren, als sie noch neu waren, bevor sie zur Maggie Thatcher des britischen Feuilletons mutierte. Die weniger prominenten Vertreter ihrer Malaise sind nicht weniger schlimm, und sie sind überall, unter Freunden und Bekannten, lebende Vorwürfe: Get real.

Paradoxerweise hält sie das nicht davon ab, von so pathetischem Kram wie der Weissagung der Cree berührt zu sein. Ich zerbreche mir seit Jahren den Kopf, was gegen das Julie-Burchill-Syndrom hilft. Vielleicht doch Schnee.

Schnee im Sommer ist echt der Hammer.

0:40 Die Sechziger haben uns Späteren die Freiheit des Individualismus erkämpft, aber was für ein Danaer-Geschenk. Auf ihren Trips haben sie noch öffentlich die große Frage gestellt: »Wer bin ich?«

In der stillen Post der Selbstverwirklichung wurde daraus: »Wer will ich sein?« Das Angebot ist reichhaltig.

S zum Beispiel hat sich für den Dandy entschieden, er trägt jeden Tag einen von 25 Anzügen, die bei ihm auf der Stange hängen. Also halten ihn alle, die ihn nicht kennen, für einen Scheißwerber, was ein Witz wäre, wenn er nicht zentnerschwer an den Anzügen trüge. Über sein Whiskyglas gebeugt, offenbart er morgens um fünf seine selbstgewählte Last, weil er selbst Scheißwerber verachtet und eigentlich nur ein guter, aufrichtiger Kerl sein will.

Als ich ihn Jahre später noch mal darauf anspreche, streitet er alle Zweifel ab. Seine Anzüge trägt er nach wie vor, auch an den Scheißwerbern lässt er noch immer kein gutes Haar.

Um sich aus ihrer Identität zu trauen, feiern die Leute heute das kapitalistische Kalenderfest Halloween, Karneval gilt ja als provinziell uncool, oder sie veranstalten seltsame Bad-Taste-Partys. Nun gut, dann kleiden Lore und ich uns eben am Grabbeltisch im Walmart als adrette Normalos ein. Die Party ist so von Big-Lebowsky-Klonen überlaufen, dass wir nach einer Weile in eine Bar abhauen. Als wir einen Hipster nach Feuer fragen, schaut er uns kühl an, die Frage ist ihm klar ins Gesicht geschrieben: Wie habt ihr Spießer euch denn hierher verlaufen?

Als er Fetzen unseres Gesprächs aufschnappt, weicht die Kühle einer sichtbaren Verunsicherung. Seine Erfahrung sagt ihm: Inhalt und Verpackung passen hier nicht zusammen.

Und das müssen sie auch nicht. Wer will ich sein? ist eine überflüssige Frage, ein Rückschritt hin zu Egos, die zu Logos werden, um sich auf dem Markt der Individuen zu positionieren. Mach dich nicht noch selbst zur Ware.

Sei ein Spiel.

Es gibt Stunden, da nimmt mich meine bürgerliche Herkunft in den Schwitzkasten. Eine dunkle Existenzangst befällt mich. Imaginäre Nullen rattern durch meine Registrierkasse und addieren sich zu nichts.

Es ist eine eigenartige Formation, in deren Spätform ich hineingeboren wurde. Seit der Französischen Revolution leidet das Bürgertum an Verfolgungswahn, denn seine Herrschaft hat keine unantastbare Legitimation wie der Adel, sein großes, übles Vorbild.

Der Bürger ist in die Kirche gerannt, hat gebetet und Underdogs schikaniert. Es hat nicht geholfen. Kein Gott ist mit ihm, und sein Glaube ist eine Farce.

Er fällt immer wieder nur auf sich selbst zurück, auf seine Rechenschiebereien und sein kleinliches Gescheffel, und seine Fundamente werden nur durch eine Illusion zusammengehalten, einen Münchhausen-Trick, der so billig ist, dass ich mich wundere, warum ihn noch immer so viele nicht durchschaut haben.

In ständiger Angst vor der Meuterei der Massen schläft der Bürger schlecht. Im Traum erscheinen ihm lachende Bohemiens und wütende Proleten, die seine letzten Bastionen einreißen. Sie stürmen die Banken und Grundbuchämter und entfachen ein Feuerwerk. Wie schön das brennt. Das Eigentum geht in den Flammen unter.

Dann wacht der Bürger auf und ist schweißgebadet. Er eilt ans Fenster, die Stadt ist ruhig, im Fernsehen laufen die üblichen Ablenkungsmanöver, und das Bankkonto ist noch nicht gepfändet.

Aber der Bürger weiß, dass die Ruhe trügt. Er ist selbst durch eine Revolution an die Macht gekommen, die sich unter keinen Umständen wiederholen darf. Er hat vorgesorgt, Polizei! Knüppel! Spitzel! Sie bringen ihm keine Erlösung. Das Spiel wird sich wiederholen, Nacht für Nacht, bis ans Ende seiner Tage.

In the dark night the dark knight returns.

Wann habe ich eigentlich das letzte Mal gebetet? Ich weiß es nicht mehr. Allerdings frage ich mich, ob ich überhaupt jemals gebetet habe. Klar habe ich als Kind Gebete aufgesagt, aber das waren genau genommen Zaubersprüche. In der Grundschule bauten wir das Abendmahl aus Papier nach und malten Abraham und Isaak. Die beiden waren mir sofort suspekt, daran kann ich mich sehr deutlich erinnern.

Abraham soll seinen Sohn umbringen, aus lauter Gottesfurcht setzt er schon das Messer an, und dann sagt die Stimme im Himmel, ist schon gut, das war nur ein Test. Der reine Schocker. Genauso gut hätten sie uns auch Freddy Krüger zeigen können.

Dann sollten wir auch Gott malen, was für eine Idee, ich verpasste ihm rechts einen Klumpfuß, links einen normalen Fuß, und sein Bart bedeckte nur eine Hälfte des Gesichts. Meine Mutter fand das seltsam, wie kommt ein Achtjähriger auf so eine Idee, wunderte sie sich? Gott ist doch alles, sagte ich, alles auf einmal.

Jahre später verblüffte uns ein Pater im Religionsunterricht mit der Aussage, Gott sei nie und nirgends. Wie das, fragte ich, bisher hieß es doch, er sei immer und überall. Ja, sagte der Pater, das sagt die Kirche, weil die Wahrheit philosophisch schwierig ist. Denn Gott existiere nicht in Raum und Zeit unseres Universums, er transzendiere sie, also sei er in diesen Kategorien nicht fassbar, ergo: nie und nirgends. Das leuchtete mir ausnahmsweise sofort ein. Schließlich hatte mich der göttliche Atem noch nie gestreift.

Aber ich fand es doch frech, dem gemeinen Volk etwas anderes zu erzählen. Mein Eindruck verdichtete sich, dass da ein großer Popanz aufgebaut worden sei. Wenn ich mir heute überlege, mit welcher Empörung diejenigen angefeindet werden, die bezweifeln, dass islamistische Gotteskrieger ohne fremde Hilfe ins World Trade Center geflogen sind, muss ich lachen. Als ob diese Verschwörungstheorie ein ernsthaftes Problem wäre.

Gott ist die größte Verschwörungstheorie.

Im Falle der Kreationisten, die sich einfach nicht mit der Evolution abfinden können und darauf bestehen, Gott habe die Welt tatsächlich in sieben Tagen erschaffen, ist die größte aller Verschwörungstheorien sofort offensichtlich. Aber sie wirkt auch andernorts.

Wie sonst soll ich mir erklären, dass Freunde, die geistig gesund waren und nie einen Hauch von Frömmigkeit an den Tag gelegt hatten, plötzlich vor den Altar rennen, um zu heiraten? Während ich auf einer knochenharten Kirchenbank wegdämmere, lassen sie sich lächelnd von einem Popen Allgemeinplätze und triefenden Schwulst an den Kopf werfen, auf dass diese Beziehung einen magischen Kitt bekomme. Nun gut, sie mögen sogar aufrichtig daran glauben, aber so ist das mit jeder Verschwörungstheorie, sie ist immer eine Frage des Glaubens, nicht der Fakten.

Da ich mit Gott nichts anfangen konnte, hat es mich schnell zum Buddhismus gezogen. Schön rational, gewürzt mit einer vertretbaren Prise Mystik, und erstaunlich gut mit der modernen Physik kompatibel. Und Buddha ist definitiv netter anzuschauen als der Turner am Kreuz. Aber auch vom Buddhismus ist der Lack abgeblättert.

Während Millionen im Westen den Dalai Lama mit der Inbrunst verehren, die sie dem Papst selbstverständlich und zu Recht verweigern, kommen immer neue hässliche Enthüllungen über den reaktionären tibetischen Buddhismus ans Licht. In Sri Lanka haben Lore und ich mit einigen anderen Reisenden ein Kloster besucht, und die Ehrerbietung, die sich der Obermönch von ihnen und den Einheimischen sichtlich gefallen ließ, hat mich ziemlich verstimmt.

Aber auf den jetzigen Dalai Lama wird sowieso nur großes Gezänk folgen, ob die Chinesen oder die Tibeter den wahren Nachfolger gefunden haben. Der jetzige Papst soll nach den Weissagungen von Malachias übrigens der vorletzte sein. Der ganze Spuk könnte in diesem Jahrhundert ein Ende haben. Ich mache mir Hoffnungen, dass ich eines Tages noch ein Werbebanner lesen werde, auf dem steht:

Religion ist ein Gesellschaftsspiel ab 2 Personen.

0:44 Marx, der alte Drogenfahnder, lag völlig richtig mit dem Opium fürs Volk und mit vielem anderen auch. Wie hinterhältig, dass ausgerechnet seine Anhänger ihn selbst zum Opium gemacht haben, an dem sie sich fortwährend berauschen.

In jeder Lebenslage kramen sie den armen Karl hervor, nehmen einen tiefen Zug und blubbern einen seiner Sätze nach, in der Krise zum Beispiel das unverwüstliche »Je ein Kapitalist schlägt viele tot«, vorgetragen mit dem seligen Lächeln dessen, der glaubt.

Ich verstehe durchaus, dass Ratlosigkeit unerträglich sein kann. Dass man nach einem Sternbild Ausschau hält, einem Leuchtturm, der den Kurs aus der Nacht weist. Wenn schon nicht Gott, dann wenigstens ein Weiser.

Auch ich bin ratlos, aber deswegen schmeiß ich noch nicht meinen inneren Kompass über Bord, zumal der ganze Archipel mit Leuchttürmen vollgebaut ist, dass es mir vor Augen nur so flimmert.

Gurus, Lamas, Philosophen.

Eine irre Mitternachtsshow mit intellektuellem Stroboskop-Gewitter, in dem Sloterdijk verbale Moonwalks hinlegt, denen ich nicht folgen kann.

Es fällt auch auf, dass die Leute sich seit Jahrtausenden neben dem Herrgott um alte, meistens unrasierte Männer scharen, die einfach behaupten, da geht's lang. Aber hier ist Veränderung in Sicht.

Eine der eindrucksvollsten Entdeckungen für mich war, wie in Afrika und Asien immer mehr Frauen den Laden alleine schmeißen, während die Kerle ihre Eier schaukeln, lamentieren, trinken und sich den Nagel vom kleinen Finger lang wachsen lassen. Gegen diese Frauenpower wirken Thatcher und Merkel zwar wie Beta-Versionen, aber die Erkenntnis wird kommen: Männer sind überbewertet. Dann ist es soweit.

Das Patriarchat wird ins Museum entsorgt.

In einer sternklaren Nacht lag ich auf dem Deck eines Pazifik-Frachters und dachte an die 20 000 Zivilisationen, die durch die Milchstraße toben. Wir sollten uns ihnen anschließen, hatten die Apostel des kosmischen Zeitalters gesagt.

Mit leuchtenden Augen hatte ich ihre Bücher verschlungen, über die Mercury-Missionen, das Apollo-Programm, den Start des ersten Space Shuttles. Der Aufbruch ins All war damals nicht mehr ganz jung und erst recht nicht unschuldig, war es nie gewesen. Aber das hatte ich da noch nicht gewusst.

Wernher von Braun war erst ein paar Jahre vorher gestorben, ein amerikanischer Held, schmeichelten unsere Zeitungen. Aber sie meinten natürlich: ein deutscher Held.

Sein Mythos wurde in Peenemünde geboren und atmete die Barbarei der Lebensraum-Politik. So much larger than life. Wie Amerika in den Fünfzigern. Aus dem Lebensraum im Osten wurde der Lebensraum in den Weiten des Alls. So much larger than life. The American way of life.

Menschen, die sich opfern sollen, um uns einer höheren Bestimmung zuzuführen. Männer mit kantigen Wangenknochen, eine Mischung aus Cary Grant und Perry Rhodan. Terranische Herrenmenschen.

Den Russen dagegen wurden immer nur niedere Beweggründe für ihr Sternenstädtchen unterstellt. Mein Großvater wollte ihnen dorthin nicht folgen. Auch er hatte Raketen gebaut, für das Reich. Nach Amerika wäre er gegangen, aber es waren die Russen, die ihn schnappten, in einen Jeep steckten und ihm an seinem 40. Geburtstag den Kopf kahl schoren für seine Weigerung. So nackt wären wir alle da oben.

Und um dort zu überleben, müssten wir uns entmenschlichen, zu Maschinen mutieren, Cyborgs werden, Befehle befolgen.

Im Orbit wartet keine Erlösung. Reißt die Rampen ein. Gebt das Geld hier unten aus. Verprasst es. Werdet glücklich. Der Weltraum ist böse und kalt.

Wir können auf dem Mars nicht atmen.

0:46

The inner space is more important than the outer space, sagte Justus Aardvark in einer lange zurückliegenden Nacht. Mir fielen die Hare-Krishna-Jünger ein, die ich als Kind in der Stadt gesehen hatte. Sie hüpften mit Tambourinen über den Bürgersteig, hatten am kahlen Hinterkopf einen Zopf. Lächelten. Wallende Kleider.

Lange her. Heute saufen alle Karma-Cola.

Karma-Cola war ein Buch von Gita Mehta, das ich in Indien kaufte. Als ich dort ankam, in der Hoffnung, irgendwelche neuen Konzepte zu finden, waren sie längst in Kartons verpackt, die sich prächtig verkauften. Der Urton im Sixpack. Wieder eine Illusion weniger.

Der Inner Space war das letzte Territorium, das der Kapitalismus erschlossen hat. Die Vermessung ist jetzt in vollem Gange. Claims werden abgesteckt, die ersten Parzellen developed, begradigt und auf Rendite getrimmt.

Aber Karma-Cola ist erst der Anfang, so wie einst Baumwolle in den Südstaaten. Agrarisch-primitiv. Als nächstes kommen Maschinen, die mit wohlwollender Präzision unsere Gedanken und Träume verarbeiten sollen. Dann werden sie optimiert. Neurocomputing.

Du lädst dir fantastische Welten über ein sauberes Interface in dein Hirn runter, in denen du der Held bist. Programmiertes Glück. Wenn das Konto leer ist, rutschst du ins Gedankenprekariat ab, weil du das Denken, das Hineinhorchen verlernt hast. Nur verklebte Synapsen. Nichts geht mehr.

Der Inner Space wird den Konzernen gehören, so wie er im Mittelalter den Popen gehörte.

Vielleicht doch wenigstens in den Outer Space funken, um die anderen zu finden? Die, die uns retten könnten. Ich trete ans Fenster und sehe keine Sterne, nur den Widerschein der Lichter an der Wolkendecke. Ich fühle mich eingeschlossen.

Die Bedrohung kommt aus dem Inner Space.

300 Meter vorm Ziel verschenkten Lore und ich unsere letzten Kippen und stapften über den Strand, bis wir vor dem Eingang des Experiments standen. Zwei Wochen den Inner Space auf Vordermann bringen, auf indische Art, vielleicht hilft das.

Nach den ersten Massagen kamen die Fragen. Was steckt dahinter? Frag nicht, denk nicht nach, lies kein Buch, sagte der Betreiber. Das will ich gerne versuchen, sagte ich. Aber ein Tag glich dem anderen zum Verwechseln, straff durchorganisiert, bei Sonnenaufgang raus zum Yoga, dann Meditation, gefühlte 3 000 Fliegen landeten auf mir, während ich schweigend einen Satz rezitierte und doch nicht leer wurde. Einölen, durchkneten lassen, hinlegen unter Palmen, aufs Meer schauen, den anderen zuhören, wie sie hoffen, ihr inneres Gleichgewicht wiederzufinden, wieder einölen…

Ich wollte doch die Seele baumeln lassen, dachte ich, aber sie hing am seidenen Faden, beschwert von der Disziplin des Loslassens, und ich fing an mich zu sorgen, er könnte reißen. Auch wenn die Veranstaltung authentisch war, konnte sie unmöglich real sein. Eine weitere Dienstleistung nur, Reparatur der Lemminge des Kapitalismus, Batterien aufladen und so, die Leistungsfähigkeit wiederherstellen, nein, dem Gesetz des Warenfetischismus entkommst du auch am Tropenstrand nicht, wurde mir klar.

Die Leute rennen in Scharen, sobald sie es sich leisten können – und das muss man sich leisten können –, in Spas und sogenannte Wohlfühloasen, als ob sie da aus ihrer Haut schlüpfen und drunter den Stein der Weisen finden könnten. Wellness. Klingt ähnlich wie Fäulnis, Fäulnis des kritischen Verstandes, wenn servile Schergen einem den Arsch nachtragen. Und wer massiert eigentlich die Schergen?

Früher nannte man das Ganze Entspannen, das war sogar kostenlos, aber noch nicht optimiert, noch nicht abgestimmt auf die individuellen Bedürfnisse unfreiwilliger Workaholics. Sex und Fußball genügen mir vollkommen, um vorübergehend aus dem Lauf der Zeit auszusteigen. Esoterik null, Spaß zehn. Komm, geh mir weg mit Wellness.

Wellness ist ein Terrorregime.

Es ist geradezu eine Obsession geworden, gesund zu sein. Was auch immer das heißt. Die Weltgesundheitsorganisation weiß es auch nicht. Sie sagt nur, dass Gesundheit die Abwesenheit von Krankheit ist. Da wäre ich auch von alleine drauf gekommen. Und was ist dann Krankheit? Die breiten Flanken einer Gaußkurve.

Oben in der Mitte ist die Norm. So sollt ihr sein. Die Leute normieren sich freiwillig und finden sich auch noch geil dabei.

Durch die Hintertür betritt der Herrenmensch wieder die Szene. Diesmal als Farce. Gebräunt, gegelt und durchtrainiert stehen seine Klone in der Kulisse und sind sprachlos. Wenn sie den Mund aufmachen, fallen nur Versatzstücke einer Sprache heraus. Irgendwo aufgeschnappt und auf Wiedervorlage gespeichert. Aber diese Leute wollen ja auch nicht reden, sondern kommunizieren.

Dass der Kapitalismus das Klonen hervorgebracht hat, ist in seinem Effizienzwahn nur folgerichtig. Effizienz bedeutet, ein Erfolgsmodell bis zum Erbrechen zu vervielfältigen. Bitte keine Abweichung von der Norm. Das akzeptiert der Markt nicht. Wer zu spät gekommen ist, macht dasselbe und packt es nur etwas anders ein.

Erst Koffeinbrause, dann Autos, jetzt Tiere und Menschen.

Und natürlich wird es nicht beim kulturellen Klonen bleiben. Das ganze wohlfeile Geschrei, als Herr Hwang als übler koreanischer Klonfälscher überführt wurde, galt ja nicht dem Klonen, sondern der Sorge, der Typ könnte eine grandiose Idee diskreditieren.

Insofern muss man den Kapitalismus auch unbedingt von dem Vorwurf freisprechen, seine Gesellschaftslehre sei der Sozialdarwinismus. Mit Evolution hat das nichts zu tun. Es geht ja gerade darum, Mutationen zu verhindern, diese unkontrollierte Vielfalt, diese Ressourcenverschwendung.
Auf dass endlich Gleichmaß herrsche.

Klonen ist die ultimative Form der Langeweile.

Im Zimmer hängen Nikotinschwaden unter der Decke. Noch eine Kippe und noch eine, satt machen sie nicht, aber im Kühlschrank lockt nichts, worauf ich Lust habe. Ein Wurstbrot allein am Tisch ist kein Essen. Beiläufiges in sich reinstopfen. Zu oft.

Im Altpapier schreit mich Werbung für fehlfarbene Würste an, der reine Abfall. In der Kaserne mussten die Reste des Abendessens in große Plastikwannen geschmissen werden, die Teller hatten leer zurückzugehen, die Schweinetröge wuchsen, während wir daran vorbeidefilierten. Absolut würdelos.

Auch die Nahrungsaufnahme steht heute im Zeichen der Disziplin, ist durchgetaktet und rationalisiert. Was gestern Labsal war, ist heute Fraß, und umgekehrt. Wenn du den Ernährungsgurus glaubst, ist jeder Bissen ein Anschlag auf deinen Körper, dein erstes Kapital.

Im Besprechungsraum eines globalen Konzerns wurden uns Handlangern fettig belegte Brötchen rübergeschoben. Der Konzernmann würdigte sie keines Blickes, öffnete seine Tupperdose und nahm sorgsam geschnittene Möhrenstücke heraus, kein Gramm Fett unter seinem Hemd, er musste fit bleiben für das nächste Scharmützel im ökonomischen Krieg. Wir saßen schweigend am Tisch und kauten auf Aggressionen herum.

Für all das sollte man das Wort Essen nicht mehr in den Mund nehmen. Essen ist etwas anderes.

Allein waren wir auf einer Lichtung im Regenwald gestrandet, die Nacht brach herein und mit ihr eine diffuse Angst, als ein Haufen Malaysier von der Parkverwaltung aus dem Dickicht kam. Sie waren unterwegs, um die weit verstreuten Camps zu checken. Nachdem sie ihr Zelt aufgebaut hatten, kam einer zu uns rüber und fragte, ob wir mit ihnen essen wollten. Bald saßen wir alle um ein großes Tuch herum, auf dem Schälchen mit Pasten und Saucen, Reis und Brot verteilt waren. Der dräuende Lärm der Urwaldnacht wich einer Woge der Wärme. Nicht nur im Bauch, auch menschlich. Das ist Essen.

Essen ist Frieden.

Immer mehr Bilder aus der Vergangenheit bestürmen mich. Mit achtzehn lief ich mit drei anderen Unverzagten wochenlang durch die schottischen Highlands, im Kopf begleitet von Nehberg und Eichendorff auf der Suche nach Ursprünglichkeit. Tagein, tagaus durch strömenden Regen auf der Flucht vor der Wirklichkeit, morgens in die nassen Socken rein, alles ist kalt und klamm, das nasse Holz macht ein müdes Feuer, der Torf glimmt.

Doch dann ging ein Riss durch die Landschaft, rechts davon eine aufgekratzte, pseudoheroische Zivilisationsmüdigkeit der Jugend, links eine Einsamkeit, die die Lichter der fernen Stadt gnadenlos ausleuchteten. Ich begann zu ahnen, dass irgendetwas nicht stimmte mit meiner Vorstellung von der Welt.

Nächstes Bild: Das Experiment spitzt sich zu, aus den Highlands ist der Regenwald geworden, ein verklärter grüner Ozean. Ich tauche über Blutegel hinweg durch Lichtspiele des Mittags, in der Kulisse kreischt und sägt es, ich schwitze wie ein Schwein. Zwei Köpfe tauchen am Ende des Pfades auf, der kaum zu erkennen ist, und werden zu einer Gruppe von Waldbewohnern, wir grüßen uns vorsichtig und respektvoll, Wanderer aus zwei Welten. Sie gehen runter zum Camp, aus dem ich komme, um irgendetwas zu kaufen.

Das Licht wird fahler, Nacht senkt sich in den grünen Ozean und verschlingt mich. Was wollte ich hier, wo alles wuchert und zirpt und sticht und krabbelt? Ich bin ein nackter Primat, ein homo urbanus, der Insekten nicht ausstehen kann.
Nur die Wüste hat mich erleichtert, sie war so überschaubar und leer. Tödlich leer.

Vielleicht bin ich auch ein symptom of the moral decay that's gnawing at the heart wie Matt Johnson. Wie Milliarden andere, die erst die Natur zu dressieren versuchen und bei der zweitbesten Gelegenheit abhauen, wenn wieder Dürre und Stürme und Regenfluten erbarmungslos zuschlagen. Es ist müßig zu fragen, wer schuld an der Entfremdung ist. Sie ist unumkehrbar. Machen wir das Beste daraus.

Zurück zur Natur führt kein Weg.

Am Rande ist die große Stadt bei sich, ohne Hype, da wo die Leute das heile Landleben simulieren, wo sie die Eier noch vom Eiermann holen. Das Tempo fühlt sich gut an, alles ist so langsam, voller schöner Erinnerungen. Aber lange ertrage ich das nicht.

Die Gegenwart rast, und ich muss ihren Puls fühlen. Wenn ich noch eine Sekunde länger hier draußen sein muss, verfaule ich, zwischen Gartenzwergen und Rosenbeeten und einem Versprechen auf unberührte Heide.

Zurück zum Beton. Ich steige in die versiffte S-Bahn und schaue erst wieder auf, als das Licht angeht und der Zug in den Tunnel fährt. Oranienburger Straße, raus, obwohl es dort schon vor Jahren schal geworden ist. Ach Berlin.

Aber alle wollen da hin. Hier haben die Symbolbearbeiter des 21. Jahrhunderts ihre einzige Chance. Die, die nichts mehr können als Information wieder und wieder durch den Wolf zu drehen, die von einem selbstreferenziellen System satt werden müssen.

Hier werden Träume und Gefühle gehandelt. Hier ist jeder befreit von seiner Identität. Sogar ein Nichts darf man sein. Geborgenheit wiegt zentnerschwer, wenn man sie nicht abstreifen kann. Also lieber raus in die Straßenschluchten, durch die asphaltierte Sommernacht wandern und im Monbijou-Park knutschen.

Alles ist zur Hand, nur die Moral nicht. Die wird an den imaginären Stadttoren nicht eingelassen. Gottseidank. Sie verträgt sich nicht mit diesem Hunger nach Glück. Ein Buddhismus des Diesseits beginnt zu keimen.

Das Leid muss in allen Facetten ausgelotet werden, um es zu überwinden. Inmitten von Blumen und Stechmücken ist das Leid zu dumpf, zu unreflektiert. Denn wir fügen uns das Leid selbst zu, deshalb müssen wir uns erkennen. Geballt. Dann werden wir vielleicht die alte Frage beantworten können: Was ist der Mensch?

Die Zukunft des Menschen liegt in der Stadt.

Ich werfe einen Blick aus dem Fenster auf den dicken Staub in den Straßen. Eine schwarz gekleidete Gestalt, die einzige weit und breit, huscht an den gegenüberliegenden Häusern vorbei. Dann biegt sie um die Ecke, und lange passiert nichts mehr. Die Stadt ist totenstill, keine Musik schallt aus den Spelunken herauf.

Nur ein leises rhythmisches Knacken kommt aus den Lautsprechern, während die Platte sich endlos in der letzten Rille dreht. Immer im Kreis. Eine andere Bewegung ist nicht möglich. Ein Gedanke schießt vorbei, der mir nicht gefällt: Auf diesem Planeten wird es auch keine Erlösung geben. Auf einer Kugel sind nur Kreisläufe möglich.

Obwohl ich mich als Optimisten bezeichne, wundere ich mich, dass die überwältigende Mehrheit wie selbstverständlich davon ausgeht, dass der Fortschritt in den nächsten Jahrzehnten nicht abreißen wird. Irgendwer wird schon etwas erfinden, um unsere Probleme zu lösen, irgendwann werden die Mächtigen zur Vernunft kommen oder die Vernünftigen an die Macht, so wie Obama. Immer mehr von ihnen.

Yes, we can, und wir können auch scheitern, den Römern folgen. Somos el pasado futuro. Die Science-Fiction ist voll davon, aber kaum einer nimmt sie ernst. Auch Lore gehen diese ganzen Dystopien auf die Nerven, warum gibt es keine Happy Fiction, fragt sie?

Vielleicht, weil die Science-Fiction-Schreiber in Wahrheit ein geheimer Orden von Zivilisationsseismografen sind, der zweifelsfrei herausgefunden hat, dass im Phasenraum der menschlichen Evolution keine Nicht-Orte mehr existieren. Alles ist restlos vermessen, denn wir befinden uns auf einer Kugeloberfläche, die grenzenlos endlich ist.

In den Ruinen von Morus warten wahlweise Terminatoren, Viren oder Dürre. Kein Wunder, dass manche Leute es vorziehen, dann doch lieber jetzt schon im kleinen Kreis zu scheitern, vorzugsweise in der Bar des Vertrauens. Und wer sagt eigentlich, dass Gescheiterte keinen Spaß haben?

Es muss nicht immer weitergehen.

Unten auf der Straße läuft plötzlich C mit seiner philosophischen Laterne durch die Nacht, auf seiner persönlichen Mission, den Leuten in ihrer mutwilligen, gut durchgespülten Gleichgültigkeit zu Geistesblitzen zu verhelfen. Mir fällt der Spruch ein, den ich vor langer Zeit zwischen zwei Bieren aus der Laterne gezogen habe. Da stand: »Niemand ist hier, um die Erwartungen irgendeines anderen zu erfüllen. Alle sind hier, um sie selbst zu sein. Osho«

Sieh an, der Bhagwan, dachte ich, hatte zwischen den Rolls-Royce-Fahrten zu seinen Jüngern doch die eine oder andere gute Idee. Das sollte man mit einem Flugzeug in den Himmel schreiben, so groß, dass es endlich jeder begreift.

Ich kenne viele, die anderen dauernd etwas beweisen wollen. Und dann zieht die Panik herauf, dass die Zeit nicht reicht, schon könnte das Leben vorbei sein. Kurzweil, der Techno-Guru, schluckt seit Jahren einen Pillencocktail, weil er davon besessen ist, 150 zu werden. Wenn er sich da mal nicht vertut, am Ende muss er mit Terminatoren Tee trinken und kann ihnen nicht folgen, weil sie sich mit einer Million beats per minute unterhalten.

Aber natürlich zucke auch ich zusammen, wenn ich höre, dass jemand, den ich kannte, gestorben ist. Erst recht, wenn sich jemand umgebracht hat, so wie B, mit dem ich in der Schule lustige, gedämpfte Unterhaltungen hatte, während die anderen versuchten, die Stochastik an der Tafel zu begreifen, oder P, der sich in die Tiefe stürzte, weil ihn die Einsamkeit fertiggemacht hatte. Ein Grauen weht mich an, wenn Menschen umgebracht werden, von fremder oder von eigener Hand.

Nur hat das mit dem Tod nichts zu tun. Es ist das Sterben, das den Menschen zu oft entwürdigt. Jede Form von Schmerz und Qual, die unsere Existenz als virtuelle Teilchen beendet, die kurz wie kosmische Maiskörner aufpoppen und wieder verschwinden. Die Aussicht zu verschwinden beruhigt mich eher. Irgendwann muss ich mir nicht mehr vergeblich den Kopf darüber zerbrechen, warum sich die Menschen seit Jahrtausenden das Leben immer wieder zur Hölle machen.

Der Tod ist okay.

Aber noch bin ich hier. Sind wir alle hier. Aus dem Rest des Lebens sollten wir etwas Besseres machen, und ich sehe nicht ein, dass uns das nicht gelingen kann. Das ist mein einziger Glaube, für den ich keine gute Begründung habe, schon gar nicht Gott, diese Plage.

Kants Diagnose, dass unsere Unmündigkeit selbstverschuldet ist, hat mir beim ersten Lesen eingeleuchtet, damals in der Fronterziehung für den globalen ökonomischen Krieg, der schon so lange tobt. Natürlich hatten Adorno und Horkheimer recht, dass die Aufklärung, Kants Rezept gegen die Unmündigkeit, noch nicht das letzte Wort sein kann. Aber die beiden wurden uns einfach verschwiegen. Sie gehörten ja fast zum Klassenfeind, also unwichtig für die Allgemeinbildung.

Die Aufklärung ist unvollendet geblieben, weil die bürgerlichen Krämerseelen sie als Freibrief dafür verstanden haben, die Welt mit ihrer berechnenden Vernunft zuzurichten. Was sich nicht rechnet, ist unerheblich. Was die Berechnung stört, wird plattgemacht. Das können dann auch Millionen Menschen sein.

Aber gleich wieder die Frage: Wie geht es weiter? Bei Adorno und Horkheimer können wir nicht stehen bleiben. Es reicht mir auch nicht, dass jeder bei sich anfängt, die kleinen, alltäglichen Unzulänglichkeiten anzupacken, und dann wird irgendwie von selbst alles gut. Da ist sie wieder, die unsichtbare Hand. Heute nennt man sie Schwarmintelligenz, das klingt wissenschaftlicher. Aus tausend Dummen wird eine kluge Masse, die der berechnenden Vernunft dankbar aufregende neue Produkte abkauft.

Das haben wir ja schon.

Nein, die wahre Vollendung der Aufklärung wird die Befriedung sein. Sie beginnt als Traum, aber nicht von kleinlichem, persönlichem Wohlstand, der sozialverträglich und ökologisch korrekt ist. Es ist ein uralter Traum vom Ende aller Macht, geträumt auf allen Kontinenten, in dem wir sie gemeinsam zum Teufel jagen. Gemeinsam.

In dreams begin realities.

Die berechnende Vernunft ist die Epidemie unseres Zeitalters, stiehlt sich durch jede Ritze in die letzten freien Räume des Lebens, nistet sich in der Sprache ein. Im Fieberwahn schwärmen die Infizierten von Freunden als Knoten in einem sozialen Netzwerk, von Liebe als einer Investition in den Gefühlshaushalt, von Neigungen als Markenzeichen der eigenen Verwertbarkeit. Statt »Ho-Ho-Ho-Chi-Minh« skandieren sie »um-zu-um-um-zu«, dann schmeißen sie Steine aus Zwecken, und was getroffen wird, verwandelt sich in Warenlager.

Auch mir ist längst seltsam zumute, ich fühle die Hitze aufsteigen und versuche angestrengt, einen klaren Kopf zu behalten. Ich erinnere mich dunkel, dass es einmal ein Gegenmittel gab, es hieß Kunst, glaube ich, aber die Ärzte, die es anwenden könnten, haben sich selbst infiziert. Die wenigen, die es nicht erwischt hat, haben sich in Isolierstationen zurückgezogen, die schwer zu finden sind.

In den Räumen, über denen Kunst angeschlagen steht, sollte das Gute, Wahre, Schöne sein, das Zweckfreie, das sich selbst genügt, aber ihre Inhalte sind mutiert. Sie haben sich in Produkte der Kontemplation und der Provokation verwandelt, die ich kaufen kann. Die Infektion ist bei den meisten meiner Zeitgenossen so weit fortgeschritten, dass sie das Wort Kunst nicht einmal mehr denken können, ohne an Produkte zu denken, die nur etwas seltsamer als andere Dinge aussehen. Praktisch nutzbar sind sie nicht, aber eine gute Investition in die eigene Kultiviertheit.

Aus den Ärzten, die die Kunst anwenden konnten, sind Spezialisten geworden, es gibt Qualitätsprüfer, die dem Publikum Gütesiegel anbieten, damit sie richtig investieren. Eine Umwertung von Orwell'schen Ausmaßen.

Ihr Anfang lag schon in der alten Vorstellung, Kunst sei erst das Werk, das sie hervorbringt. Diejenigen, denen Kunst eine Haltung zum Leben war, hat das Bürgertum als Dissidenten geächtet, interessiert nur an ihren Werken, die sich verschachern ließen. Aber noch ist die Kunst nicht tot: Aus ihr ließe sich ein Gegengift destillieren.

Kunstwerke sind nichts, Kunst ist alles.

Die schlimmste Indoktrination ist dieses »Das kannst du nicht«. Wie einem jungen Hund, dem man die Schnauze in seine Pisslache drückt, wird dir schon in der Schule diese Demütigung wieder und wieder verabreicht, und wenn du dann rausgehst ins vermeintlich richtige Leben, bist du überzeugt davon, dass du dich bescheiden sollst. Nur wenige dürfen als Spezialisten der Kreativität wirken.

Du hast das Urteil angenommen, sagst: »Ich bin nicht kreativ«, und es klingt, als seist du sogar stolz darauf. Um deine Selbstachtung zu wahren, hast du begonnen, Kreativität als glücklichen Elitismus zu verspotten, Kunst als unverständliches Spektakel ohne Bodenhaftung, das sich nur die Reichen, Schönen und Verantwortungslosen leisten können. Komm aus deiner Fettecke, du Opfer, denke ich.

Schmi fiel da vor ein paar Jahren eine grandiose List ein. Wir verteilten kleine Holzbretter, mach was mit diesem Brett und bring's mit, stand drauf, und die Leute fragten, was soll ich damit machen, wir sagten, was du willst. Kein Respekt vor der Kunst. Es ist nur eine Party. Das zog.

Kaum einer kam mit leeren Händen, zuerst schlichen sie noch heimlich durch die Menge, um ihr bemaltes, beklebtes, zersägtes, angesengtes Brett unbemerkt an einen freien Nagel zu hängen. Doch dann brach der Bann, die Wände, bis unter die Decke voll mit kleinen Kunstwerken, hatten sich verwandelt, und die Leute begriffen, das waren wir.

Später haben wir das Ganze in einer Galerie wiederholt, erneut riss das Publikum die Kunst mit Begeisterung an sich, während ausgewiesene Künstler umgingen wie saure Milch, weil der Kunstmob ihren Werken keine Anerkennung zukommen ließ. Sie fielen in all den Brettern einfach nicht auf.

Die Künstler hätten Beuys zuhören sollen: »…mir kommt es darauf an, erkenntnistheoretisch den Punkt zu finden, an dem der Mensch sich als ein freischöpferisches Wesen erkennt, indem er erkennt, dass er nicht ein Abhängiger ist im gesellschaftlichen Getriebe.« Kunst ist Anarchie. Befreiung.

Und Beuys ist ihr Prophet.

Aber ist Kunst nicht immer eine One Man Show?, wenden die Realisten ein, die nur Picasso oder Warhol im Kopf haben. All die Egomanen und Idiosynkratiker, unfähig sich auf andere einzulassen, mit ihnen etwas gemeinsam zu schaffen, vom Geniekult entmenschlicht und auf perfide Weise unschädlich gemacht. Um die geht es nicht.

Auch Beuys ist nur ein Anfang. Eine Million Bohemiens werden nichts bewirken, solange sie an ihren Staffeleien und Rechnern sich selbst verwirklichen. Der freischöpferische Mensch bleibt ein Sozialkrüppel, wenn er als heroischer Einzelkämpfer seine Vision der Welt aus der Vereinzelung des Bewusstseins herausschält und sie anderen vor die Füße knallt.

Dann ist er nicht freier als ein Arbeiter, der sich der Disziplin der Fabrik oder der Büroetage unterwirft, nur eine Negativspiegelung des Leistungsdenkens. Das Über-Individuum und das dressierte Kollektiv sind beide historische Sackgassen. Von der Einsamkeit der Ateliers und Fabriken führt der Weg in die Werkstatt der freien Assoziation.

In ein Orchester aus Werkzeugen. Wirklich frei-schaffend habe ich mich zum ersten Mal in einer Band gefühlt, in dieser unerklärlichen Synchronisierung von Individuen, in der jeder ohne die anderen nur ein Geräusch bleibt. Jeder Gedanke an Produktivität verstummt, wir wollen nicht möglichst viele Töne in einer Sekunde produzieren, sondern den Flow, der nur fühlbar, aber nie objektiv messbar ist, und ohne den nicht das entsteht, was wir gemeinsam in unseren Köpfen haben.

Ach ja, die Künstlerkritik des Kapitalismus, höre ich die neunmalklugen Traditionsmarxisten schon abwinken. Aber was habt ihr mir, habt ihr uns schon anzubieten? Auch nur umlackierte Industriedisziplin, diesmal im Namen eines namenlosen Kollektivs.

Wir nehmen lieber Beuys und fügen noch Punk hinzu, denn dessen hoffnungslose Individuen hatten die richtige Idee:

Bildet Bands.

Wie vieles ist aber auch Punk auf den Hund gekommen. Nicht auf die Köter, mit denen sich die schwarzledernen Typen auf dem Bürgersteig der Reeperbahn lümmeln. Die waren noch tot, als Rodenkirchen brannte, würde Lore sagen. Die können es nicht besser wissen, sollen sie es halt nachleben.

Ihre zur Schau gestellte Kompromisslosigkeit, wenn sie denn echt ist, finde ich vertretbar, wir erfinden sowieso jeden Tag das Rad neu. Aber auch diese Kompromisslosigkeit wird zur Falle. Mir fällt dieser Typ ein, Jahre her, der da was falsch verstanden hatte.

Erleichtert komme ich aus dem Friedrichstadt-Palast, für den ich mich in einen Anzug geschmissen habe. Was ungefähr zweimal im Jahr vorkommt. Blöder Senatsempfang mit viel Blabla, mein Vater hat mich mitgenommen, so sehen wir uns mal, wenn er schon in der Stadt ist, aber jetzt raus hier.

Zehn Minuten später sitzen wir in einer etwas roheren Kneipe an der Theke und haben ein Bier in der Hand, da quatscht uns dieser Typ von der Seite an. Was wollt ihr hier, das ist eine Besetzerkneipe, ihr mit euren Krawatten, haut ab. Was willst du, ich komm hier auch sonst her, gerne ohne Krawatte, sage ich, und sind wir hier etwa nicht in Berlin? Dass du überhaupt ein weißes Hemd hast, bellt er, das ist doch schon schlimm. Woher kommst du?, frage ich ihn.

Eine schöne Bescherung: Er kommt aus Stuttgart, seine Freundin hat ihn verlassen, er hat seinen Job verloren, ist nach Berlin abgehauen und hat hier Zuflucht gefunden. Jetzt fühlt er sich als Punk, das gibt ihm Kraft, das sei ihm gegönnt, aber er fühlt sich auch noch besser als der Rest, das sei ihm nicht gegönnt. Das ist nicht Punk.

In einer Dutschke-Biografie habe ich gelesen, Dutschke habe sich ein weißes Hemd angezogen, wenn er am Wochenende seine Eltern besuchte, vor dem Mauerbau. Das fand ich lässig. So wie Peter Heins Leder-Slipper neulich. Es gibt wirklich Wichtigeres als Kleiderordnungen. Ich sollte öfter mal eine Krawatte anziehen.

Krawatten sind ein Zeichen von Individualität.

Wenn wir ehrlich sind, haben wir alle hehren politischen Konzepte scheitern sehen. Zerschellt an der fixen Idee, der Mensch verwandle sich mit dem Fortschritt. Die letzten zehntausend Jahre kratze ich locker mit dem Fingernagel ab, und übrig bleiben die alten Bedürfnisse, Hunger und Durst, Wärme, Lust, Respekt. Der Rest sind Variationen, was die Sache nicht einfacher macht.

Die Vier sind wie Löcher in einem Geduldspiel, in die vier Kügelchen sollen, drei schaffst du vielleicht, aber das vierte irrlichtert über die Ebene und bringt wieder alles aus dem Gleichgewicht, macht aus Hunger und Durst Gier, aus Wärme Lethargie, aus Lust Sucht, aus Respekt Machtwillen.

Manchmal treten Trickser auf den Plan und behaupten, sie könnten das Spiel ändern, und abrakadabra, da ist der neue Mensch. Che Guevara war so ein Trickser, der erreichen wollte, »dass jeder Arbeiter in seine Fabrik verliebt ist«, wenn der Mensch erst mal standardisiert ist und dadurch zur Freiheit gelangt. Welch monströse Scheiße, aber das hält die Leute nicht davon ab, ihn anstelle eines Kruzifixes auf der Brust als T-Shirt-Aufdruck zu tragen, weil er doch ein unbestechlicher Idealist war. Dann könnt ihr auch gleich Robespierre, den Schlächter, anziehen. Oder Pol Pot.

Ich mach mir auch keine Illusionen mehr über mich, bin auch ein nackter Affe. Entlarvt vor Jahren in einem Café von einem Haufen Schüler, die ihr Biologielehrer auf mich angesetzt hatte, um Erkenntnisse der Verhaltensforschung zu überprüfen. Ich kratzte mich am Kopf oder rieb mir die Nase, wenn ich im Gespräch mit meinen Freunden gerade nicht am Zug war, klarer Fall von Körperpflege, wenn die Aufmerksamkeit der Gruppe fehlt. Nett immerhin, dass sie mich später aufklärten. Das hat sich mir eingebrannt.

Seitdem habe ich meinen Spaß in Besprechungen und Kneipen, wenn an den falschen Stellen gelacht wird, um Zähne zu zeigen, Arme hinter dem Kopf verschränkt werden, Finger durch Haare fahren. Wie im Orang-Utan-Haus in Hagenbecks Tierpark. Paragraf 1 jeder neuen politischen Strategie muss lauten:

Freunde dich mit dem Primaten in dir an.

0:60

Damit will ich nicht sagen, wir könnten nichts dazulernen. Wir können eine Menge über uns lernen, da haben wir es besser als jeder Orang-Utan, zum Beispiel, dass wir ein Zoon technikon sind, ein technisches Tier, das die Welt umgebaut, an vielen Stellen zugebaut hat. Wir haben die Welt in einen technischen Dschungel verwandelt.

Vielleicht könnten wir das fürs Erste akzeptieren. Es beunruhigt mich, wie sich aus Lovelocks Gaia-Hypothese, der ganze Planet sei ein Super-Lebewesen, langsam ein mystischer Selbsthass entwickelt. Der Mensch ist eine zum Super-Virus mutierte Art, die Gaia befallen und mit seinen Artefakten entstellt hat. Jetzt noch der Klimawandel: Gaia hat Fieber.

Und nun? Buße tun, kalt duschen, den Rückbau der modernen Zivilisation anordnen, im Tiergarten wieder Gemüsebeete anlegen? Eine bescheuerte Idee, genauso bescheuert wie die blinde Technokratie des Kapitalismus einfach fortzuführen, die uns Monat für Monat neue Gadgets mit riesigen Schleimspuren des Umweltversagens beschert. Die Reiter der Apokalypse warten in beiden Richtungen.

Es ist vielleicht fünf Minuten vor zwölf, aber doch noch nicht zwölf. Die Rage, mit der kritische Geister auf neue Technologien reagieren, weil diese uns noch weiter knechten und in die Konsumspur bringen sollen, will Schneisen in den technischen Dschungel um uns herum schlagen. Aber er ist unser Biotop, von all den Megastädten und Stadtlandschaften hänge ich und Milliarden andere ab. Selbst das hinterletzte Kaff in der afrikanischen Provinz oder an einer Bergflanke in den Anden, von wo die Leute mit LKWs und Bussen ihre Produkte zum Markt bringen, angetrieben vom Öl, das über verzweigte Läufe auch in diese Winkel gelangt. Gelangen muss, bis auf Weiteres.

Jede blindwütige Schneise in den technischen Dschungel wird genauso verhängnisvoll sein wie Kahlschlag-Kommandos im realen Regenwald. Die ganze Energie wäre sinnvoller genutzt, wenn wir den technischen Dschungel vermessen würden, um ihn uns anzueignen, der Kapitalverwertung zu entziehen.

Wir müssen den Marsch durch die Technologien antreten.

Maschinen sind überall um mich herum, sie bringen mir Wärme und Licht in diesen Raum, Filme und Zeitungen, machen Musik für mich, transportieren mich durch den Alltag. Aber was in ihrem Innern vor sich geht, durchschaue ich schon lange nicht mehr, ich kann sie nicht öffnen, um nachzusehen, weil es nichts mehr nachzusehen gibt.

Ich soll sie auch nicht öffnen, sondern nur ihre Funktion konsumieren und darauf vertrauen, dass sie mich nicht im Stich lassen. Ich weiß nicht einmal, wer sie gebaut hat. Ihre Markennamen verraten mir nichts über sie.

Wie Millionen anderer Konsumenten bleibt mir nichts anderes übrig, als mich diesen Black Boxes auszuliefern und den namenlosen Spezialisten, die wissen, was drin ist. Das ist die zweite Entmündigung unseres Zeitalters.

Die meisten Leute weigern sich, sie überhaupt zur Kenntnis zu nehmen. Das Scheißding soll einfach funktionieren, sagen sie. Selbst die Philosophen, deren Aufgabe es ist, den Dingen auf den Grund zu gehen, blicken kaum unter die Oberfläche. Winner schreibt: »Wer verstehen will, wie das Auto das Gefüge unseres Zusammenlebens prägt, dem nützt es wenig, etwas über die Herstellung von Autos zu wissen…«

Im Gegenteil. Er könnte aus den Zulieferketten etwas über die Kapitalverhältnisse lernen, aus der Konstruktion, wie Abhängigkeit erzeugt wird, denn den rollenden Computer, der das Auto mit seinen diversen eingebauten Chips heute ist, können nur zugelassene Spezialisten reparieren. »Hilf dir selbst« ist passé, jetzt musst du auch dafür löhnen, und wenn du doch dran rumfummelst, ist deine Garantie im Eimer.

Je weniger Zugriff wir auf die hoch technisierten Artefakte haben, desto mehr werden wir im Konsumismus der computerisierten Warenwelt eingemauert, gezwungen, als Dienstleister und Wissensarbeiter an der Oberfläche des Alltags zu rackern. Es reicht dann nicht, die Software-Codes dieser Oberfläche zu hacken, wenn die technisch zementierte Macht darunter unangetastet bleibt.

Die Black Boxes müssen geknackt werden.

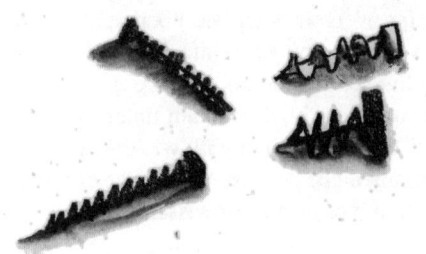

Ich beneide Handwerker, jene eingebildeten, scheinbar begriffs-
stutzigen Vögel, die Materie bewegen können und sich lustig
machen über uns Symbolbearbeiter, weil wir um sieben Uhr
früh noch keinen klaren Gedanken fassen können, während sie
schon energiegeladen und lärmend ihre Maschinen in Hauswände versenken oder Gegenstände zusammenschlagen. Das
ist ihre verdiente Rache für Jahrhunderte voller Demütigungen,
in denen der Kopf die Hände entmachtet hat.

Wären wir da Vincis Beispiel auch nur ansatzweise gefolgt, anstatt ihn als Genie aufs Podest zu heben, könnten wir heute beides benutzen. Aber da Vinci war schon einer der letzten seiner
Art, als es hip wurde, in höhere Sphären zu driften, die artes
liberales mit Bildung zu verwechseln und die technische
Bearbeitung der Welt als nieder abzutun.

Vom frühen Kult der Geisteswissenschaften führt ein roter
Faden zum Dauergeschwätz des Web 2.0 und der Selbst-
referenzialität der Kommunikatoren, Berater und Verkäufer,
die schon ächzen, wenn sie ein Ikea-Regal fehlerfrei zusam-
menschrauben sollen.

Wenn wir den Kapitalismus hinter uns lassen wollen, müssen
wir zuerst in die Lehre gehen. Unsere Hände wiederentdecken,
die zu mehr gut sind als auf Tastaturen rumzuhacken oder
Knöpfe zu drücken. Mit dem Kopf allein werden wir uns die
Produktionsmittel nicht aneignen können, die wir brauchen,
um dem Kapital die Stirn zu bieten, das die Herstellung der
Dinge über den ganzen Erdball verteilt und damit unserer
Kontrolle entzieht, ja fast unsichtbar macht.

Noch immer sind wir nur »ein bloßes Zubehör der Maschine«, wie Marx und Engels schon vor anderthalb Jahrhunderten konstatierten, nur dass die Maschinen jetzt verführerisch
gestylt sind und uns glauben machen, wir seien keine Ab-
hängigen. Also zurück zu da Vinci, zurück auf Los und dann
zehn Felder vor, am klassischen Handwerk, an der Industrie-
fabrik, an der Büroetage vorbei in die Fab Labs, die Hightech-
Kibbuzim, in denen wir Materie und Gedanken gleichermaßen
bewegen werden.

Handarbeit = Kopfarbeit.

Ich war ausgezogen, eine Antwort zu finden auf die Frage, was die Welt im Innersten zusammenhält, und ehe ich mich versah, irrte ich durch Integralwälder, schlitterte ich über Hyperebenen, verstrickte ich mich in Matrizen, rang ich mit Operatoren. Hin und wieder tat sich eine Welt von bestechender Eleganz auf, kalt und fremd. Aber wo war nun die Antwort?

Und was hatte das alles mit dem Leben zu tun? Mich beschlich der Verdacht, dass es sich bei der ganzen Mathematik zuerst um Herrschaftswissen handelt, mit der die moderne Weltmaschine gesteuert wird.

Die meisten setzen nur kurz einen Fuß in die Integralwälder und laufen dann schreiend davon, und es wird auch viel dafür getan, sie dunkel und unfreundlich erscheinen zu lassen. Denksport ist ein Euphemismus für die Abschreckungskampagne, mit der lustlose Lehrer ihre Schüler traktieren. Selbst wenn sie bis zum Abitur durchhalten, haben sie gerade den Stand der Mathematik um 1700 erreicht. Seitdem ist einiges passiert.

Mathematiker schwärmen, ihre Disziplin sei eine universelle Lingua Franca, die auch Aliens verstehen würden. Nur leider 90 Prozent der Menschheit nicht. Der Vergleich ist dennoch gar nicht blöd, Mathematik ist das Latein der Moderne, und so wie der Pöbel damals den Pfaffen und Gelehrten nicht folgen konnte, müssen ihre weltlichen Gegenstücke von heute nicht fürchten, irgendjemand würde wirklich ernsthaft verstehen, was sie treiben.

Wenn wir die Black Boxes knacken und selbst zum Laufen bringen wollen, müssen wir die Mathematik von ihrem geheimbündlerischen Ruch befreien. Nicht jeder muss gleich ein Crack in Knotentheorie oder fraktaler Geometrie werden, aber solange Millionen sogar die Grundrechenarten Taschenrechnern mit lächerlich großen Tasten überlassen, bleiben sie abhängig von der Technokaste, die am großen Rad der Weltmaschine dreht.

Mathematik ist ein Schraubenzieher, nicht mehr und nicht weniger.

In der Stunde der Vorläufigkeit ist die Multitude, die neue Vielheit im Exodus, noch eine bloße Möglichkeit. Ein Hirngespinst gar, das die verletzten Massen übersieht?

Die Leute ziehen sich in ihre Wagenburgen zurück, die sie Familie nennen, wo sie hinter den Gardinen stehen und beobachten, wie die gefallenen Helden des Börsenspiels in ihre Häuser zurückschleichen. Noch mit Schadenfreude, aber die vergeht ihnen, wenn ihre eigenen Kartenhäuser zusammenbrechen.

Die Gier der anderen anzuprangern ist ein Leichtes, zu unübersehbar war sie, breitgetreten in den Medien, die jeden Millionen-Bonus vermeldeten. Daneben verschwand die kleine Gier der kleinbürgerlichen Schnäppchenjagd, das war doch gar nichts, verglichen mit den Schweinemillionen.

Doch, das war was, die dritte Liga im Konsumspiel zwar, in der keine Firmen eingekauft werden, aber Teil derselben kollektiven Illusion, alle könnten sich nach dem Ende der Geschichte ungestraft bereichern, Jahr für Jahr. Der Saldo wurde ja immer woanders ausgeglichen, in den Sweat Shops auf der anderen Seite, die zwischendurch kurz eingeblendet wurden, aber unwirklich wie ein Wirtschaftsthriller blieben.

Die Banker halten uns den Spiegel vor, aber die Kleinbürger wollen sich nicht in dem Bild erkennen, wollen diese beschämt flüsternden Elendsfratzen loswerden, denen sie gerne geglaubt hatten, das Geld könne einfach so wachsen. Stattdessen verpuffte es.

In den Knast mit euch, fordert der Lynchmob, als ob mit einer rituellen Reinigung der Schmutz vom System, das wir alle sind, abfallen würde.

Aber auf den Zorn der Massen wird nur die Erschöpfung folgen, die die nächste selbsternannte Elite für sich auszunutzen weiß. Zur schöpferischen Multitude, die ihre Energie nicht in Rachegelüsten vergeudet, können wir nur werden, wenn wir dem Blick in den Spiegel standhalten.

Erkenne dich selbst und du erkennst deinen Feind.

0:65

Das Ego ist ein Tier, das in mir lebt.

Ich könnte es verwöhnen, auf dass es Ruhe gibt, aber es wird nie satt sein und mit jeder Schmeichelei launischer werden, bis ich eine Diva in mir herangezüchtet habe, die niemand mehr ertragen kann.

Warum existiert es überhaupt, warum muss ich mich dieser Unwahrscheinlichkeit stellen, die aus hundert Billionen Zellen erwachsen ist? Ich will dieses Tier nicht, ich sollte es erlegen, in Innerlichkeit ertränken, um dann gereinigt durchs Leben zu gehen.

Aber vielleicht brauche ich es, um das Leben überhaupt meistern zu können, also sollte ich das Ego besser dressieren und mit Disziplin gefügig machen. Handel ich mir dann einen Krüppel ein, der fortwährend vor Schmerzen schreit und mich damit um den Verstand bringt? Das wäre ein schöner Pyrrhussieg über dieses Tier.

Nein, ich muss es aus dem Dunkel, in dem es haust, hervorholen, dem Licht aussetzen, damit ich es studieren kann, bis ich verstehe, wie es tickt, so wie diese Bombe im Hintergrund, die ich schon die ganze Zeit höre, seit die Stadt still geworden ist. Ist das Ego am Ende gar die Bombe, die in der Gegenwart tickt, und gar kein Tier?

Ist das Ego also eine besonders perfide Maschine, die im Kern unserer Epoche sitzt, mich und dich und alle anderen vor sich her treibt, sodass wir nie zur Ruhe kommen und nicht peilen, was vor sich geht?

Zumindest scheint das Ego eine Menge Energie zu haben. Wenn es mir gelingt, es herauszuzerren, könnte ich es aufbohren und mit anderen Egos verbinden. Nein, kein Networking.

Es müsste auf andere Egos gestimmt werden wie Instrumente einer Band, eines Ensembles, und aus ihren Energien entsteht eine gewaltige Resonanz, die den ganzen Staub dieser Zeit wegfegt. Ego, allein bist du nichts.

Totale Teilnahme ist totale Befreiung.

Es ist kein Schicksal, alleine zu sein, aber es schmerzt, weil jeder die Schuld bei sich sucht. Danach kommt in dieser Gesellschaft nur noch die Behinderung als Handicap. Langsam, ganz langsam schleichen sich nach der ersten Erleichterung über die neue Freiheit Fragen ein, die jeden Morgen wiederkehren. Zwischendurch muss Joe Jackson ran. Those happy couples ain't no friends of mine.

Es war eine laue Sommernacht, als 25 solcher »Singles« sich in einer Seitenstraße der Reeperbahn in einem Wohnzimmer im zweiten Stock einfanden, um nicht länger über diese Fragen nachdenken zu müssen. Wer bin ich? Bin ich okay? Oder bin ich komisch?

Es waren Hemingway'sche Gestalten, die die ersten Blessuren des Lebens abbekommen hatten, nicht mehr ganz jung, aber noch lange nicht alt. Sie begannen sich hemmungslos zu betrinken und Haschkekse zu essen, mit denen sie auch Ahnungslose vergifteten, und tanzten zu mitunter geschmackloser Musik, wenn sie sich nicht gerade reihum in die Arme fielen. Und dabei manchmal auch knutschten, einfach nur so.

Es gab große Szenen, als Bierflaschen und Melonen in Gefühlsaufwallungen aus dem Küchenfenster befördert wurden, es war dieses verrückte Leben, das man immer weniger versteht, je länger es dauert, komprimiert auf zwölf Stunden, bis zur Erschöpfung, ja auch bis zur Peinlichkeit.

Aber etwas war passiert. Eine Familie war geboren. Diese »Singles« waren zusammen größer und stärker als alle Leute, die ich vorher kennengelernt hatte. Sie waren so beeindruckend, dass die Einzige, die nicht single war, in jener Nacht glaubte, das wahre Leben gesehen zu haben, und erkannte, dass sie ihre Beziehung würde beenden müssen.

Da war etwas in Bewegung geraten, das sich nicht aufhalten ließ. Ein Hemingway'scher Spirit. Niemand war mehr alleine.

Niemand muss alleine sein. Jeder wird eine Familie haben.

Singles wird es nur noch im Plattenladen geben.

0:67 Die Hemingway'sche Gang besann sich damals aufs Wesentliche. Diese Leichtigkeit beim Grillen in der Küche von S, auch eine Art Exodus, Flaschen werden geleert, Lore glänzt mit einer Volksweisheit, »Messer und Schwanz benutzt man ganz«, L sortiert angeschlagen, aber mit leuchtenden Augen wie ein kleiner Junge seine Hanuta-Fußball-Bilder. Au, das ist der Jeremies, sagt er, über meine Hanuta-Hülle gebeugt.

M sagt, auf dem Rückweg von der Party war ich richtig alone. alone ist immer schlecht, T wird am Telefon gebeten, Freundinnen mitzubringen für Schmi, der ganz ausgehungert ist und sich alle Haare nach vorne kämmt, die sollen keine Scham haben, ruft er von Weitem ins Telefon. Schamhaare? Ich habe Unterwäsche aus Eigenhaaren an, ergänzt er und ist nicht mehr zu bremsen, bring mir doch mal ein paar schmutzige polnische Worte bei, sagt er zu S.

Ou isst mit Henna gefärbte Würstchen, pack deine Tasche und hau ab aus Deutschland, rät er meinem Bruder, der neu in dieser Stadt ist. L fingert immer noch glücklich an seinen Hanuta-Bildern rum, im Hintergrund läuft leider nur Elvis. Plötzlich hat Schmi Fruchtwasser auf der Hose, alle lachen, ihr seid böse, sagt er.

Die Nacht nimmt Fahrt auf, die Bee Gees lassen Hände und Stimmen in die Höhe schnellen, Ou setzt sich auf Schmis Schoß, it's the golden age of disco, zum tausendsten Mal, und ich steige auf einen Stuhl. Was ist wichsen?, fragt Ou, die gekrümmte Hand im Takt von Azzurro auf und ab bewegen, würde ich sagen. M meint plötzlich, sie will stillen, und setzt sich auf den Schoß vom Bruder, der nicht weiß, wie ihm geschieht.

Ou baut eine Mördertüte und erfindet dabei den Fruchtblubber mit Caipi-Flavour, Genusskunst, Nebelschwaden im Strohhalm. Kinder, Kinder. Und was ist mit der Politik? Ein Idiosynkratiker kommt von der Straße rein und legt einfach eine andere Platte auf, Schlager, ohne zu fragen, dann ist er wieder weg, keiner kennt ihn. Im Wintergarten und in der Küche tanzen alle. Jetzt wieder Elvis.

Rock 'n' Roll.

Rock'n'Roll hilft immer. Ich frage mich, warum manche Leute sich ausgerechnet auf Partys um Kopf und Kragen reden. Vor einer Stunde haben sie sich noch bei der Arbeit gesehen, und jetzt diskutieren sie, als hätten sie sich gerade erst kennengelernt.

Ich erinnere mich noch an innerliche Zeiten, in denen rocken und saufen als oberflächlich galten. Eine Party war gut, wenn man sich gut unterhalten hatte. Das war im Jahre 5 oder 6 nach Einführung der Ökowindel.

Auf der Schulabschlussfahrt warf mir einer vor, drei Frauen, ebenfalls auf Abschlussfahrt, in einem Restaurant aufs Übelste mit Werner-Anekdoten behelligt zu haben. Sie hatten ziemlich viel Spaß, aber er saß am Ende des Tisches. »Ich wollte über Kafka reden.« Den Fauxpas hat er mir nicht mehr verziehen.

Ich will hier nicht missverstanden werden, ich bin gar kein Werner-Fan, und seine Geschichten taugen wirklich kaum zur Anmache. Später habe auch ich Kafka gelesen. Er ist großartig, ein Seher am düsteren Beginn des 20. Jahrhunderts.

Aber nie habe ich das Bedürfnis gehabt, auf einer Party über Kafka zu reden. Wenn schon, kann man die Party ins Kafkaeske wenden. Oder auf den Tisch steigen und tanzen, bis er bricht.

Aber bitte, bitte nicht über den Prozess sprechen oder den Job. Auch nicht über den Kapitalismus, obwohl wir darüber tatsächlich öfter reden sollten.

Dafür sind Partys nicht da. Es reicht, wenn wir kurz PeterLicht laufen lassen und er für uns die musikalische Diskursarbeit übernimmt und wir danach zum Wesentlichen kommen.

Hört dieses eine Mal mit den Zahlen und Argumenten auf. Rockt. Oder macht es wie Schmi:

Geht nach Hause und knutscht.

0:69

... ist geil.

Beim seltenen Zappen durch die Kanäle war ich bei einer Sendung über Sozialschmarotzer hängen geblieben. Ein unvergessliches Mittagserlebnis. Eigentlich ging es um Sex.

Auf der Couch am Pranger Kalle, 55, mit seiner Frau. Er lebt seit Jahren von Sozialhilfe und hat beim Verwaltungsgericht darauf geklagt, dass ihm das Amt Viagra bezahlt. Das Gericht hat ihm recht gegeben.

Klarer Fall, dachte ich, das ist der Untergang des Abendlandes, doch dann ging es ganz erstaunlich weiter.

Kalle kann nicht nur juristisch begründen, warum das in Ordnung ist, er trägt es auch plausibel vor. Klar, er ist ausgebufft, aber seine Argumentation ist lückenlos. 30 Jahre gearbeitet, durch einen Unfall zu 100 Prozent schwerbehindert und durch einen früheren Unfall auch noch potenzgestört. Auf den Viagra-Trichter sei er gekommen, weil seine Frau noch ein Kind von ihm will, sie ist 40. Warum nicht?

Dann wird das Publikum auf ihn losgelassen und fängt an, ihn zu verhören. Sein schickes Hemd? Ist von C&A, für 4,95. Glauben die, der würde in ungewaschenem Feinripp erscheinen? Eine Sozialamtsdetektivin springt aus der Kulisse auf Kalles Bühnensofa und kommt ihm dumm. Argument Nr. 1: »Du lebst von meinem Geld«, Argument Nr. 2: »Wer arbeiten will, findet immer Arbeit. Wenn man etwas will, kann man alles haben.« Der volle American-Dream-Scheiß.

Wahrscheinlich glaubt sie den selbst nicht, aber das Kaleidoskop der Vorstadtpomeranzen auf den Rängen johlt. Typen mit kurzen, zerstrubbelten Gelhaaren, Frauen à la Britney Spears, denen der Geifer vom Mund tropft, die mit paarundzwanzig ernsthaft über ihre Rente nachdenken, ihre Steuergroschen zählen und nur Platitüden absondern. Aber Viagra-Kalle pariert, voll souverän.

Der Typ wurde mir immer sympathischer. Er lebte wenigstens noch. Trotz kaputtem Schwanz. Das Publikum hätte ihm dankbar sein sollen für seine Forderung:

Freien Sex für alle.

Sex fängt in den Augen an, in einem Leuchten, das den Raum erfüllt. Das kann man nicht reinretuschieren.

Nicht in diese öde Parade von Dekolletés und Titten, Sixpacks und gepiercten Bauchnäbeln, mit denen die Medienschergen uns bombardieren. Mein persönlicher Fünf-Sekunden-Hass-Moment kam immer dann, wenn ich die Fernsehzeitschrift aus dem Briefkasten nahm. Schon wieder ein stumpfes Frauenbild, das ein Berater in ein vermeintlich unkeusches Top gezwängt hatte.

Auch alle geklont, so wie die Party People auf MTV und anderswo. Aus dem 90-60-90-Mem ist eine epidemische Körperverletzung geworden.

Die Leute kichern heute, wenn sie die Nackten von Woodstock sehen, noch nicht verbildet vom Körperstyling. Unglaublich. So sahen die im 20. Jahrhundert aus?

Ja, und diese Menschen hatten eine Menge Spaß. Sie erkannten sich, wie es in der Bibel heißt. Als ich diesen Spruch zum ersten Mal von K hörte, der sich ein Grinsen nicht verkneifen konnte, habe ich ihn für eine bizarre Formulierung aus grauer Vorzeit gehalten. Aber so bizarr ist das eigentlich nicht. Sex fängt in den Augen an. Erkennen.

Wenn da nichts leuchtet, hilft auch das Gardemaß nicht. Nur, wie soll da was leuchten, wenn die Leute sich einreden lassen, sie müssten sich auf dem Beziehungsmarkt gut verkaufen, und ihre ganze Energie in ihre Silhouette stecken? Ist der Sex besser, wenn zwei Skulpturen aufeinanderklatschen?

Albrecht Becker, die Schwulenlegende, sagte, da war er schon über 90, ich finde einfach alle Menschen schön. Das hätte bei anderen lächerlich geklungen, aber man muss ihn gesehen haben, wie er das sagte, mit einem Lächeln. Das war keine Pose, da steckte ein ganzes Leben drin. Mir selbst würde ich so einen Satz nicht glauben, dazu bin ich noch viel zu bilderverseucht. Aber genau darum geht es, zu lernen:

90-60-90 sind Längen von Audiokassetten.

Diese Klarheit plötzlich. Seit einer halben Stunde hatte ich mir Coca-Blätter in die Backe gestopft, ein Llipta-Klümpchen dazu gepackt, wie es mir die Frau auf dem Markt in Cuzco erklärt hatte, und mich gefragt, ob da noch was kommt. Und ob da was kam. Ich ging über den Inka-Pfad durch die Anden und war so wach wie nie, atmete so frei, als hätte ich ein Kilo Menthol gelutscht. Der Hammer. Alles andere war ein Dreck dagegen.

Heute Nacht könnte ich dringend Coca-Blätter gebrauchen. Echte Bioware. Aber die globale Prohibition verbietet es. Der lange Arm des Puritanismus führt seinen sinnlosen Krieg auch gegen den Rausch.

Was auf dem Andenpfad noch mein Luxus war, entpuppte sich anderswo als pure Notwendigkeit. In den Stollen von Potosí kauten sie das Zeug, um die Wirklichkeit auszuhalten, die sie mit Dynamit durchlöcherten, um überleben zu können.

Egal wo ich später noch hinkam, irgendetwas wurde immer konsumiert. Die Araber schloten, was das Zeug hält, sehr sympathisch, in Äthiopien und Kenia kauen sie Kat, aber das kommt nicht an Coca ran, viel zu bitter.

Gut, der indische Taxifahrer mit seinem Betelnuss-Flash hatte übertrieben. Ohne Ankündigung bog er von der Straße nach Madras auf einen Damm durch ein Reisfeld ab, das Gaspedal durchgetreten raste er auf einen anderen Ambassador zu, der uns entgegenkam. Eigentlich kein Platz zum Ausweichen. Irgendwie schafften beide Fahrer das Unmögliche, aber es knallte mächtig, als die Kotflügel sich auf dem engen Damm berührten. Mit Coca wär das nicht passiert.

Letztlich wollen alle nur aus ihrer Haut rauskommen. Und ob einer sich wund meditiert oder ein anderer sich mit Extremsport in einen Adrenalin- und Endorphinrausch steigert – wo ist da der Unterschied? Sie haben alle recht: Rausch ist absolut notwendig, um die Beschränktheit des Egos zu überwinden. Sollen die Puritaner dieser Welt weiter drin hausen. Hauptsache, der War on Drugs hat ein Ende.

Coca für die Welt.

Noch hallt das Echo der Hippies durch die Gegenwart, schwach und tausendfach gebrochen, bis zur Unkenntlichkeit verrauscht, und der konservative Furor verschluckt jeden Nachklang, den er findet, um diesen Sündenfall des bürgerlichen Westens aus dem kollektiven Bewusstsein zu tilgen.

Ich stelle mich als ideeller Repeater in den Hall und versuche, jedes Signal, das ich noch empfangen kann, zu verstärken und weiterzuleiten. Love and Peace ist die Botschaft des 20. Jahrhunderts, die auf keinen Fall verloren gehen darf, aber schon jetzt ist sie nur mühsam zu rekonstruieren, aufgesogen in Bonmots, über die wir nur noch lachen.

Die Bonobos der Bay Area hatten den archimedischen Punkt gefunden, an dem die Disziplin der Moderne einstürzen würde. Ficken statt Fresse einschlagen, der größtmögliche Affront in Zeiten des Krieges.

Verschenke deinen Körper, dein Geschlecht, entziehe dich der Verwertung, der Aggression, in die dich die Umstände permanent hetzen. Liebe deinen Nächsten, aber jetzt mal richtig, mit allen Körpersäften. Und bleib da nicht stehen, öffne auch deinen Geist. Tune in. Wer high ist, kalkuliert nicht.

Das Bonobo-Experiment der Hippies hätte eine Revolution in der Evolution sein können, weg vom Dauerkrieg in allen Schattierungen.

Die Sozialmilitaristen hatten Glück, das Experiment ist gescheitert, viele waren nicht reif für die Freiheit, auf die sie niemand vorbereitet hatte, und AIDS kam genau zur richtigen Zeit. Wäre dieses Virus nicht aufgekommen, die Sozialmilitaristen hätten es erfinden müssen. Wirkungsvoller kann man das Vertrauen in den Körper des anderen nicht zerstören, und ohne Vertrauen ist Love and Peace unmöglich. Wir sollten ein zweites Bonobo-Experiment starten.

Erst wenn alle frei mit Sex und Drogen umgehen können, gibt es keinen Krieg mehr.

40 Jahre nach Sgt. Pepper schoben wir mit L ein weißes Klavier in den Schanzenpark. Der Junihimmel spielte nicht mit, von wegen Summer of Love, es war grau und kühl, na und.

Uns war schon klar, diese überschäumend positive Naivität von damals können wir nicht mehr zurückholen, aber so abgebrüht sind wir noch nicht, noch ist nicht alles in Pose, Ironie oder wissender Geschäftstüchtigkeit abgesoffen, wir meinten das tatsächlich ernst. Wir machen unser eigenes Be-in, sollen die anderen sich wundern.

C hat ein Bett organisiert, für unsere eigene John-and-Yoko-Show, und pustet Seifenblasen in die Luft. Auf der Wiese haben Lore und N ein Peace-Zeichen aus Kieseln gelegt. Den Mövenpick-Wasserturm, diesen ersten Einbruch des globalen Kapitalismus in einen noch nicht in Wert gesetzten Stadtteil, lassen wir links liegen. Steine können die anderen werfen, das ist nicht unser Ding.

Immer mehr Freunde kommen, einer setzt sich ans Klavier und spielt drauf los, einfach so, irgendwann steht er auf und übergibt an eine Frau, die Beatles-Songs drauf hat, dass mir das Herz aufgeht. Dope-Schwaden ziehen durch den Park, aber es liegt noch mehr in der Luft, etwas, das nicht nur mich packt.

Gitarren werden ausgepackt, sogar eine Geige, die Session kommt in Fahrt, ich traktiere einen Pappkarton mit Schlagzeugstöcken, der Himmel, der Wasserturm, die Zeit, alles vergessen, die Musik hört nicht mehr auf.

Ein paar kleine Punks kommen und setzen sich schüchtern an den Rand, was geht hier ab, wie sind die drauf, ist das nun lächerlich, nein ist es nicht, der große Flow erreicht auch sie, auf dem John-and-Yoko-Bett liegen Bekiffte und singen, so einfach ist das.

Der große L kommt auf mich zu, ich muss ihn an mich drücken und sage, ich bin so glücklich, und er nur, ich auch. Keine großen Worte nötig.

Musik, nicht das Genom, ist der Schlüssel zum Leben.

0:75

Wir haben zwei Augen, zwei Ohren, zwei Hände, zwei Füße, zwei Gehirnhälften. Das weiß jeder, aber heißt das auch, dass die Welt ein binäres Spiel ist? Tertium non datur, sagt die klassische Logik, es gibt nur wahr oder falsch.
Du musst dich entscheiden. Dauernd.

Ja oder nein?
Kapitalismus oder Sozialismus?
Yin oder Yang?
Halbvoll oder halbleer?

Kommt drauf an.
Ich bin für Transkapitalismus.
Und Yong.
Hauptsache, es läuft gut.

Der Diktatur des Entweder-Oder-Denkens haben wir zu verdanken, dass George W. Bush acht lange Jahre Präsident war. Nur weil die Amerikaner meinten, Wahlmaschinen, die Löcher rausstanzen, seien fortschrittlicher als Wahlzettel, die per Hand angekreuzt werden. Für die Maschinen gab es nur Loch oder Nicht-Loch. Bitwert 1 oder 0. Digitalzeitalter.

Jedes Schulkind, das einen Locher benutzt hat, weiß, dass der Lochschnipsel hängen bleiben kann, wenn man nicht fest genug drauf haut. Was dann ein Fast-Loch wäre. Aber der Wille zum Loch wäre immer noch erkennbar.

Man hätte die Fast-Löcher in Florida von echten Menschen überprüfen lassen können, aber die Republikaner hielten Menschen für nicht unvoreingenommen, Maschinen hingegen wohl. Das digitale Debakel nahm seinen Lauf.

Und wir wissen seit achtzig Jahren auch, dass es am Grunde des Seins nicht eindeutig zugeht. Die Quantenphysik kennt überlagerte Zustände, die weder das eine noch das andere sind. In der Fuzzy-Logik kann eine Regel zu 80 Prozent erfüllt sein, und trotzdem läuft eine fuzzy-logisch gesteuerte Maschine prächtig. Das Leben ist nicht digital und der Fortschritt auch nicht. Tertium semper datur.

Digitalität ist Einfalt.

Mein Kopf schmerzt längst ob dieses Gedankensturms, ich rauche die x-te Zigarette, um abzukühlen, der Aschenbecher ist Zeuge für meine Anstrengungen. Was habe ich nicht versucht, betrunken habe ich mich erst gestern, aber jeden Tag wache ich auf und alles ist so wie vorher.

Ich fühle mich von körperlosen Sauriern umzingelt.

Das wächst sich zur Paranoia aus. Überall springen mir die Embleme der Konzerne ins Gesicht, überall poppen Kapitalverhältnisse ins Bild, wo ich früher nur Hauswände oder Apparate gesehen habe. Die Welt ist zum Vexierbild geworden, wenn du einmal den Trick raushast, das andere Bild zu sehen, wirst du es immer wieder sehen. Gebäude, Kapitalverhältnis, Gebäude, Kapitalverhältnis, und immer so weiter. Wie ein Fiebertraum.

Dass ein Meteorit einschlägt und die Saurier aussterben lässt, ist so wahrscheinlich wie ein Sechser im Lotto. Ich will mir nicht ausmalen, was für einen langen Marsch wir vor uns haben, der hier unten in dieser Straße wie in jeder anderen Straße beginnt. Wie lange hat es gedauert, um den Feudalismus loszuwerden? Genau.

Die Aussicht, mit 90 zu sterben, und es ist immer noch Kapitalismus, empfinde ich als ausgesprochen ärgerlich.

Meine Gedanken driften ab in ein Paralleluniversum, in dem alles auf den ersten Blick so aussieht wie hier, ich frage einen Passanten an einem Obststand, was der Apfel kostet, und er sieht mich an, als wäre ich verrückt, was ist Geld? sagt er, nimm den Apfel, dafür liegt er doch da. Wieso, frage ich, den Apfel hat doch irgendein Bauer produziert, der macht das doch nicht umsonst, sonst würde doch jeder gleich ein Dutzend Äpfel bunkern, aber er lässt mich lachend stehen. Jetzt will ich es wissen und frage den nächsten, wo ist das Rathaus?, wieder dieser Blick, okay, kein Rathaus, das hätte ich mir denken können. Ich folge dem lauten Beat eines Schlagzeugs, das unvermittelt einsetzt, um die nächste Ecke, und siehe da, eine Band rockt los. Immerhin.

Es wird immer analoge Gitarren geben.

0:77 Entlang der Croisette tobt jedes Jahr eine Materialschlacht. Leiber, Lebern und Soundsystems werden verausgabt, Symbolbearbeiter reden in einem absurden Tempo aufeinander ein, der Halb-Jetset ist auf plus zehn hochgepitcht. Erst 24 Stunden sind vergangen, seit Lore und ich hier hineingeraten sind, und schon jetzt ist diese überdrehte Öde kaum noch auszuhalten.

Kurz nach Mitternacht die rettende Idee: Zeit für die kleine Kommunikationsguerilla zwischendurch. Gegenüber der Martinez-Bar werfen wir den alten tragbaren Batterie-Plattenspieler aus den Siebzigern an, den wir für den Strand mitgenommen hatten. Dazu vier Single-Alben. Zwei Stunden spielen wir miese Disco-Scheiben, Funk und Soul. Nachtschwärmer ziehen irritiert vorbei, einige lächeln. Ein paar Freunde und ein Haufen Engländer, die um einen Kronenbourg-Kasten herumsitzen, haben Spaß.

Am nächsten Abend passiert dann etwas Unvorhergesehenes. Wann geht's los, fragt B per SMS. Lore und ich schauen uns an, noch mal? Noch mal. Um halb drei, als die letzten Beats der Strandparties verhallt sind, rotiert wieder das erste Vinyl. Und plötzlich geht da was. Die Ersten bleiben stehen und fangen an zu tanzen, ein Typ drückt mir was in die Hand, nein, keine Kohle, sondern Gras, ein paar Franzosen bauen die ersten Joints, zwei junge Typen aus London auf der Suche nach einem Bett vertänzeln sich die Zeit. Die dritte Nacht hat begonnen, und immer mehr Leute kommen, auch die kiffenden Franzosen und die beiden Londoner sind wieder da, jede Menge Hamburger, der Batterie-Philips läuft und läuft, die Tüten kreisen und kreisen, ein Engländer bleibt stehen und schreit »Fucking great, this is seven inch heaven!«, geht zurück zur Martinez-Bar, um 20 Freunde zu holen, ein Pritschenwagen der Stadtreinigung hält, ein paar Tänzer entern die Pritsche und die Müllmänner lassen die Hydraulik grooven. Irgendwann ist es hell, sechs Uhr, der erste Linienbus fährt vorbei, die Bistros auf der anderen Straßenseite werden gewischt, und die Meute tanzt immer noch. Hippie-Spirit erfüllt den Morgen. In bloody Cannes.

Lo-Fi schlägt alles.

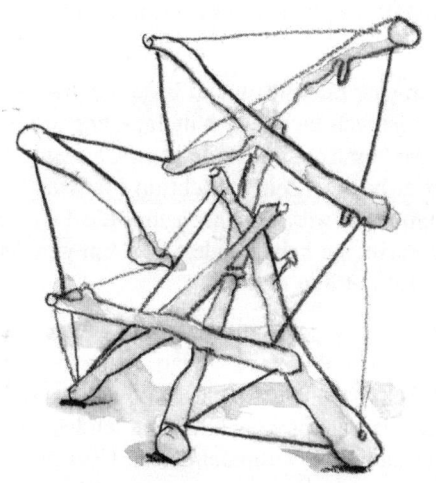

0:78 Selbst Lo-Fi ist noch zu viel. Mit einer Tasche voller Kommunikationstechnologien lief ich planlos durch die Lenox Avenue, fand kein Netz, in das ich mich einklinken konnte. Mit einer Prepaidkarte versuchte ich es an einem öffentlichen Telefon und scheiterte an Anrufbeantwortern in Übersee oder an absurd nachhallenden »Hallo«-Kakophonien am Ende falscher Nummern. Alle Leitungen führten offenbar ins Nichts, während um mich herum die Gegenwart vibrierte. Entnervt hängte ich auf und ging weiter.

Plötzlich quatscht mich ein Typ von schräg hinten an. Ich soll schauen, dass ich bei einer grünen Fußgängerampel nicht plattgefahren werde. Gestern hat er selbst gesehen, wie eine Frau durch die Luft geschleudert wurde, obwohl grün war. Muss das jetzt sein?

Er legt ein paar Schritte zu und ist an meiner Seite, klein, mit Buckel, lässt sich nicht abschütteln. Ohne anzuhalten checke ich ihn. Wo kommst du her?, fragt er. Germany. Ah, Germany, ja da hat er bessere Zeiten erlebt, in Frankfurt, wo er bei der Army stationiert war. Da haben ihm die Leute Respekt entgegengebracht, sie haben anders mit ihm geredet, hier gehen sie nicht gut mit ihm um.

Er fragt mich, ob ich ihm etwas Geld für »Chicken« geben kann. Ich drücke ihm zwei Dollarscheine in die Hand, er will noch einen Lappen, nein, mehr geht nicht, er zieht ab. Ich bin erleichtert, dass ich ihn los bin, denn ich habe gerade anderes im Kopf, muss eine Verbindung nach Übersee finden.

Aber eigentlich hätte ich länger mit ihm reden, nachfragen, zuhören sollen, egal ob es nur um ein paar Dollar ging. Kommunikation in Echtzeit, nicht über synchronisierte Server, sondern Face to Face. Aber synchronisierte Aufmerksamkeit ist verdammt anstrengend, und ich habe zu oft Aussetzer in meinem Port, als ob irgendwas in meinem Kopf nach Sniffer Packets sucht. Der übliche Argwohn. So wird keine Verbindung zustande kommen. Die Multitude wird nur in einem echten Gespräch entstehen, nicht mit irgendwelchen Kommunikationstechnologien.

Die wichtigste Technologie *ist* Zuhören.

Trotz allem habe ich nicht das Bedürfnis, die Uhr zurückzudrehen, auch in dieser Nacht nicht. Stattdessen summe ich, ich möcht' nicht noch mal zwanzig sein und so bekloppt wie damals.

Aber dann ruft die nächtliche Stille im Zimmer eine ganz alte Erinnerung wach. Ich bin fünf und klettere aus meinem Bett, die Nacht ist noch nicht ganz rum, die Dämmerung lässt noch auf sich warten, aber ich bin sofort hellwach und habe nur einen Gedanken, ich will weiterbauen mit Lego. Hunger und Durst fühle ich nicht, wichtig ist nur, da weitermachen zu können, wo ich am Abend zuvor aufhören musste, weil der Tag für beendet erklärt wurde.

Ganz hier und jetzt zu sein, um eine Sache zu machen, die mich vollkommen ausfüllt, um ihrer selbst willen und nicht für Anerkennung, aus mir selbst heraus und nicht auf Anordnung. Das ist das Lego-Gefühl.

Das Gegenteil von Arbeit. Von Lohnarbeit. Von Erwerbsarbeit.

Für die Realisten von rechts ein kindischer Traum, für die von links bürgerlicher Boheme-Quatsch. 200 Jahre Industriekapitalismus haben ihre Wirkung nicht verfehlt und Arbeit moralisch aufgeladen. Ohne Arbeit bist du nichts, wer keine hat, will sie zurück, wer sie hat, will noch mehr davon, um sich besser dünken zu können.

Die Kralle des industriellen Mindsets umschließt den Verstand wie angegossen. Millionen Geiseln der Industriemaloche leiden am ökonomischen Stockholm-Syndrom und identifizieren sich noch mit der übelsten Fabrikausbeutung.

Ich habe nie begriffen, warum die Arbeiterbewegung nicht für die Abschaffung der Arbeit kämpft, warum die Fabrikbelegschaften die Demonstranten im Pariser Mai verächtlich anstarrten. Der sozialistische Proletkult ist der Zwilling des faschistischen Herrenmenschenkults, beide verherrlichen die Zurichtung von Körpern zu Biomaschinen der Macht, gefangen im Mindset des Industriekapitalismus.

Arbeit ist ein psychischer Defekt.

Eine Fabrik wird geschlossen, die Medien melden, sie sei für den Konzern nicht mehr rentabel, ein Aufschrei folgt, 20-Sekunden-Statements von Betroffenen werden eingeblendet, Gewerkschaften protestieren, die Politik erscheint am Werkstor, Beteuerungen folgen, das Unvermeidliche abzuwenden. Dann werden die Maschinen abtransportiert, und ein ausgeschlachteter Kadaver der Produktion bleibt zurück.

Der Lauf der Dinge. Monat für Monat. Verändert euch mit der permanenten Veränderung, ihr müsst mit der Karawane ziehen. Ein letzter Trostspruch.

Die Leute, die die Maschinen bedienen, sind nur Zahlen in einer Rechnung. Keine Eigentümer, die sind anderswo. Die Leute, die die Maschinen bedienen, produzieren für Leute, die sie nicht kennen, Dinge, die von Leuten konsumiert werden, die sie auch nicht kennen.

Das ist der Fortschritt. Keine Verantwortung. Nur eine abstrakte Karawane von Kapital und Kosten, die nebenbei Dinge ausspuckt.

Die Leute, die die Maschinen bedienen, könnten die Fabrik übernehmen und die Produktion selbst in die Hand nehmen. Aber das wäre ein Rechtsbruch, denn die Maschinen gehören einem anderen Teil der Karawane, der vor langer Zeit Geld dafür hergegeben hat.

Wer mehr hergegeben hat, darf mehr darüber bestimmen, wo die Karawane hinzieht. Die Demokratie muss vor dem Werkstor bleiben. One man, one vote ist nur ein Luxus an der Oberfläche der Gesellschaft. In ihrem Getriebe ist alles seit Jahrhunderten unverändert.

Ein geschlossener Kreislauf. Wer mehr Eigentum hat, kann mehr Geld anlegen. Wer mehr anlegt, trägt mehr Risiko. Wer mehr Risiko trägt, soll mehr bestimmen. Wer mehr bestimmt, zieht mehr Profit aus der Produktion. Wer mehr Profit rauszieht, bekommt mehr Eigentum. Und wieder von vorne? Nein. Alle Macht muss von den Produzierenden ausgehen.

Aktien zu Klopapier.

Geld stinkt nicht, glauben alle, es ist ja nur ein Tauschmittel ohne Eigenleben. Wenn es frisch gebügelt aus dem Geldautomaten kommt, riecht es höchstens etwas muffig.

Es ist das Adenosintriphosphat des kapitalistischen Systems, das Maschinen zum Laufen bringt und die Akteure des Marktes in Bewegung setzt.

Auf dem Fischmarkt ermuntert ein Schreihals in einer Bude das Publikum, die Scheine nicht dreimal umzudrehen, sondern auszugeben. Das Geld ist ja nicht weg, es hat nur ein anderer, sagt er. So einfach kann man also den Kapitalismus erklären.

Aber natürlich wissen wir zu jeder Zeit in einem hinteren Winkel unseres Bewusstseins, dass die große Zirkulation nicht nur ein Aalbrötchen einem hungrigen Magen zuführt, sondern den globalen Wirtschaftskrieg befeuert.

Wenn Geld sprechen könnte, zum Beispiel dank eines eingebauten supermodernen Chips, würde es mir wilde Geschichten erzählen, die ich besser nicht hören möchte. So weit wird es nicht kommen, eher wird das Geld ganz entmaterialisiert, bis am Ende nur noch monetäre Bits im Internet der Dinge existieren, die uns die letzten Skrupel nehmen.

Wenn ich Geld über einen Tresen schiebe, fühle ich mich jedes Mal unwohl, weil ich das Grundproblem dieser Zivilisation direkt vor Augen habe, aber eine Zahl, die ich von einem Rechner auf die Reise durch die Netze schicke, berührt mich in ihrer Sterilität kaum.

Dabei könnte ich es besser wissen. In einer weit zurückliegenden Nacht nahm ein Mann auf dem Rücksitz meines Taxis Platz und mit ihm eine Wolke üblen Säuferdunstes. Als wir nach einer schweigsamen Fahrt am Ziel waren, kramte er zwei Scheine aus seiner Hosentasche und hielt sie mir schwankend unter die Nase. Die Scheine rochen so heftig nach abgestandenem Sperma, dass mir fast schlecht wurde.

Geld stinkt doch.

Die Zeit verrinnt und gerinnt doch zu einem zähfließenden Brei, durch den ich nur watend vorankomme, kein fast forward möglich, so sehr ich auch nach der entsprechenden Taste suche, sie wurde bei meiner Geburt nicht mitgeliefert.

Gedanken glimmen und drohen zu erlöschen, bevor ich sie ganz wahrgenommen habe, während die human isolated bacteria im Hintergrund in Endlosschleife vor sich hinstampft, nachdem ich gemerkt habe, dass ich das Ticken nicht ertrage.

Gerade geht ein schwieriger Tag im Leben in einen anderen schwierigen über, aber das war nicht immer so, ich erinnere mich an die unerklärliche Unbekümmertheit des Lohnarbeiters, der nach getaner Arbeit in die Kneipe im Erdgeschoss fiel.

Von der Unbekümmertheit war nichts geblieben, als ich neulich wieder mal der 26 Zeichen überdrüssig war, die seit Gutenberg täglich zu neuen Maxiversionen geremixt werden, ohne dass entscheidende Fragen beantwortet worden wären.

Daraufhin habe ich auf hinterhältige Weise meine Freunde manipuliert, mir beim Sinn des Lebens auf die Sprünge zu helfen, worauf eine Flut von gut gemeinten bis zart empörten Antworten eintraf, die versehentlich im Müll landete.

Nachdem Lore, G und ich sie in der folgenden klirrendkalten Winternacht aus einer Mülltonne an der Reeperbahn geborgen hatten, breiteten wir sie auf einem Tisch in einer Bar aus und fragten uns, was sich die Leute dabei gedacht hatten.

Eine Antwort schlug mich aber sofort in ihren Bann und geht mir seither nicht mehr aus dem Kopf, jemand hatte mit einem Bleistift notiert, offenbar ein Zitat: »Everything will be okay in the end, if it's not okay it's not the end.«

Ich habe mich früher gefragt, ob das Glück einen besonderen Ort hat, und mir vorgestellt, dass dieser Ort immer da sei, wo ich nicht bin, weshalb ich rastlos umherzog, tausend Situationen prüfte und wieder verwarf, bis ich zu dem Entschluss kam, dass es hierfür nur eine Antwort gibt:

Arkadien ist überall.

Schon beim ersten Mal hat mich Harlem berührt. Hier waren all die fantastischen Jazzer gefeierte Helden, und ein paar Kilometer weiter durften sie nur durch den Hintereingang auf die Bühne kommen.

Als ich später wieder in New York war, fuhr ich mit dem Bus die ganze Park Avenue hoch, sah Upper-Eastside-Blondinen mit Riesentüten ein- und wieder aussteigen, und dann mit einem Schlag waren keine Weißen mehr im Bus, die 110. Straße war überschritten. Eine unsichtbare Schranke, die ich nicht für möglich gehalten hatte.

Es ist sechs Uhr, als mich der Jetlag aus dem Bett meines Harlemer Hostels holt. Alle anderen schlafen noch. Raus in die kühle Morgenluft in der Lenox Avenue, ich habe Glück, ein Diner hat gerade aufgemacht. Auf den Tischen liegen Plastiksets mit den Konterfeis berühmter amerikanischer Schwarzer, neben denen ihre kurze Lebensgeschichte notiert ist. Harlem hat Stolz.

Die Bedienung steckt den Kopf durch die Küchentür, wundert sich kurz über den frühen Gast, dann lächelt sie und kommt, um meine Bestellung aufzunehmen. Wo kommst du her, fragt sie, aus Deutschland, sage ich, und auf dem Absatz zur Küchentür dreht sie sich noch mal um, ich bin auch aus Europa. Sie kommt aus Frankreich, findet New York sehr, sehr tough, und das verbindet uns an diesem Herbstmorgen in Harlem. So einfach.

Zwei Jahre später sitzen Lore und ich in Kapstadt mit N in einer Kneipe, er ist Musiker und, wie sich schnell herausstellt, ein Bruder im Geiste, als würden wir uns schon lange kennen. Und wie viele kenne ich noch gar nicht?

Was die Jazzer damals begonnen haben, die Hautfarbe einfach abzuschaffen, geht weiter, wird immer größer. Da ensteht eine globale Kohorte, Brüder und Schwestern über Kontinente hinweg, die ganz allmählich eine neue Welt hervorbringen, in der Obama nur Mosaikstein ist. Es wird noch lange dauern, aber eines Tages sagen wir uns beim Kreuzworträtsel:

Rasse ist ein altes Wort mit 5 Buchstaben.

0:84 Durchs Fenster kann ich am Balkon gegenüber eine Deutschland-Fahne sehen. Ich vergaß, wir dürfen ja wieder unseren Stolz beflaggen. Zweite Chance. Ein Feuerzeug gehört daran gehalten. Diese Republik ist ein historischer Zufall, aber schon wieder wird sie zur Nation umgelogen. Die Mächtigen glauben, einer mythischen Großfamilie die Zumutungen dieses Systems besser verkaufen zu können, »Du bist Deutschland« lassen sie plakatieren, und intelligente Menschen, die es besser wissen könnten, glauben das.

Ich habe diese Erfindung anfangs nicht durchschaut, klick machte es erst in England. Ich rannte wochenlang begeistert durch die Käffer im Westen von London und kam mir doch vor wie in Watte gepackt. Worte erreichten mich nur, wenn ich mich konzentrierte. Dieses beiläufige Mithören von Gesprächen, von Untertönen klappte nicht mehr. Langsam dämmerte es mir: Wir sind nur die Sprache, in der wir gerade denken. Identität ist Kommunikation. Flüchtig. Der Rest sind Ehrenabzeichen, die man uns anlegt, damit wir nicht über Ausbeutung und Macht nachdenken und zusammenstehen.

Das ist bösartig. Notwendigerweise. Jede Nation funktioniert nur dadurch, dass sie eine Grenze zieht, du bist drin, und du bist draußen. Das Wahrheitsministerium legt sie jedes Jahr aufs Neue fest und denkt sich eine hübsche Geschichte dazu aus. Wenn du darin keine Rolle spielst, hilft dir auch dein Pass nicht. Dann wirst du rausgeschafft wie einst Ossietzky und Millionen andere.

In Tansania sind sie tatsächlich stolz auf den Kilimandscharo, der höchste Berg Afrikas ein nationales Erbe! Queen Victoria schenkte ihn 1888 Wilhelm Zwo zur Thronbesteigung. Einfach auf der Landkarte einen Zacken drum gezogen, und schon gehörte er nicht mehr zum Empire, sondern zu Deutsch-Ostafrika. Daraus wurde später Tansania, eine Nation. Ein historischer Witz. Ein trauriger Witz.

Thatcher sagte, es gibt keine Gesellschaft. Ich sage, es gibt keine Nation. Wem ich verpflichtet bin, entscheide ich selbst. Nicht mein Pass, nicht meine Geburtsurkunde.

Nation ist ein wertloses Konzept.

Die Tage des Sozialstaates sind gezählt. Alles Aufbegehren ist nur ein letztes Rückzugsgefecht. Prantl schrieb, das »Feldlazarett hinter den Fronten des Industriezeitalters« werde zusammengepackt. Es gibt ja keine Fronten mehr, weil es keinen Klassenkampf mehr gibt.

Wir Symbolbearbeiter aus den Städten, die nur Buchstaben, Ziffern und Pixel wiederkäuen, waren die Vorhut des fraktalen Krieges, der ihn abgelöst hat. Ohne Vorstellung davon, was es heißt, Rechte zu erkämpfen. Wir sind mit allen Rechten auf die Welt gekommen, jetzt werden es einige weniger, und wir bilden uns ein, dass wir sie sowieso nicht brauchen. Die Kohle stimmt ja noch.

Der Phantomschmerz kommt später.

Andere leiden jetzt schon wie die Hunde. Ihre Arbeitskraft zum Bewegen von Atomen ist nicht mehr gefragt, und für das Bewegen von Bits sind sie nicht ausgebildet. Sie sind es, die bewegt werden, an den Rand, aus dem Blickfeld derer, die beim Konsumieren keine Störung sehen wollen.

Wir warten noch und hoffen, dass sich alles in Wohlgefallen auflöst, dass wir im prosperierenden rheinischen Kapitalismus aufwachen, mit einer schönen, neuen, grünen Fassade, und alles war ein böser Traum.

Nein. Dieses Leben ist keine Matrix. Es ist alles, was wir haben. Und die anderen sind keine anderen, sondern nur unsere Spiegelbilder aus der Zukunft. So sehen wir aus.
Wenn wir das begriffen haben, geht es weiter.

Und dann werden wir uns entwinden: Solidarität in Schwärmen organisieren. Hamburg, Shanghai, Buenos Aires, Johannesburg, New York, wir werden uns Ideen und Kapital teilen, wir werden die Gegen-Multis, vielen Staaten und doch keinem angehörend, nicht greifbar, wir drehen den Spieß um, wir globalisieren uns ebenfalls und ziehen uns nicht wie verschreckte Hühner in die Flauschigkeit unserer nationalen Verwahranstalten zurück.

Multinationalität wird zur raison d'être.

Ich frage mich, warum so viele immer noch stillhalten, warum sie die Fäuste nur in der Tasche ballen und mit den Achseln zucken, wenn irgendwo ein paar Unverbesserliche durch die Straße ziehen und wütende Zeilen skandieren. Tief in ihrem Innern haben sie sich den Schneid abkaufen lassen, für ein Auto, einen Urlaub von der Stange und ein paar hübsche Hightech-Spielzeuge, die die Eltern noch nicht kannten.

In diesen bleiernen Jahren ist der Protest zur Folklore verkommen, in dem alle Rollen feststehen, ganz gleich ob 400 oder 40 000 auf die Straße gehen, ein Einpeitscher gibt folgenlose Parolen vor, die eher lustlos nachgebetet werden, aus den Boxen dröhnt schlechte Musik, in den hochwertigeren Inszenierungen tauchen plötzlich ein paar Schwarzkutten in der Menge auf, Bewegung, Kampfanzüge blitzen auf, es wird unübersichtlich, Knüppel und Fäuste fliegen, bis schließlich Feuer und Wasserwerfer um das beste Fernsehmotiv ringen. Und alles bleibt, wie es ist.

Think big, träume ich und sehe ein audiovisuelles Virus sich durch die Netzwerke ausbreiten, in Hunderten von Sprachen poppt es auf einer Milliarde Bildschirmen auf wie Snowcrash, multipliziert sich zu Graffiti und weitergereichten Handzetteln, und mit einem Mal merken die Leute, dass sie die Macht immer schon in den Händen hielten, so nah, dass sie sie übersehen haben. Ja, raunen sie sich zu, warum haben wir das nicht vorher gemacht?

An einem Mittwoch im Spätsommer kommt es dann zum ersten globalen Smartmob der Geschichte, und die Multitude zeigt auf allen Kontinenten den Bossen, Priestern und Führern die rote Karte. Ohne Krawall, ohne Protestfolklore, drei Milliarden Menschen verlassen einfach ihre Häuser, ihre Arbeit, die Tempel, die Felder, setzen sich auf den Straßen zusammen, essen, trinken und schweigen für Stunden. Ein saramagoeskes Schweigen, das den Mächtigen in den Ohren dröhnt, ein erstes Zeichen, dass wir den Gesellschaftsvertrag für nichtig erklären, den wir nie unterzeichnet haben. Wir lassen uns nicht länger teilen und gegeneinander aufhetzen. Die Angst hat ein Ende.

Wir globalisieren den Generalstreik.

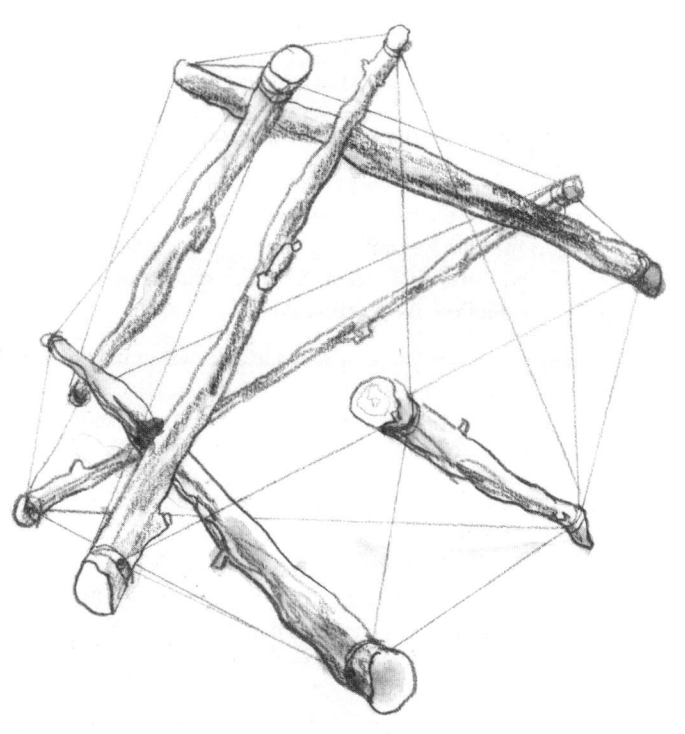

Ich lasse mich forttragen von der Vorstellung, wie das audiovisuelle Virus schließlich in einen Exzess der Gewaltlosigkeit mündet, live übertragen von CNN, BBC und Al Jazeera, auf denen fassungslose Reporter berichten, wie überall auf der Welt ganze Truppenverbände einfach ihre Stellungen und Kasernen, die sie vorher noch in Brand gesteckt haben, verlassen und in tänzelnden Kolonnen nach Hause gehen, wie in den Metropolen Menschenmassen auf großen Plätzen zusammenkommen und ihre Knarren, Messer und Totschläger auf riesige Haufen werfen, die mit Benzin übergossen und angezündet werden.

Abrüstung als unangemeldete Straßenparty.

Tagelang geht das so, und zuletzt haben die Mächtigen keine Schergen mehr, die den Abzug drücken könnten. Sie sind alle desertiert, um die Zukunft in eigene Hände zu nehmen, anstatt sie ballernd vor sich herzutreiben. Schöner Traum. Vielleicht die Happy-Fiction, die Lore vermisst.

Zu viele haben zu lange in Gewaltfantasien gerechter Empörung geschwelgt, von struktureller Gewalt geschwafelt, um den bewaffneten Kampf zu rechtfertigen und sich selbst in die Schweine zu verwandeln, die sie verachten.

Doch das Mem ist schon in der Welt, wenn die Clown Army lachend die Polizei einkesselt. Wenn die Erben Eulenspiegels in einem Anfall rheinischen Frohsinns schaffen, was grantigen Schwarzkutten, diesen nützlichen Idioten des Kontrollstaates, nicht gelingt, sie machen ernst mit der Maxime »Kein Fußbreit den Faschisten« und die ganze Stadt zur Barriere, durch die kein Rechter schlüpfen kann.

Warum eigentlich nicht das Mem zum audiovisuellen Virus weiterentwickeln, das wäre endlich ein Forschungsziel, ein Snowcrash der Roten Karnevalsfraktion, und dann rein in die Kasernen damit, die realen des Militärs und die mentalen des Machismo, auch des intellektuellen. Gewaltlosigkeit und Selbstironie müssen eine Frage der Ehre werden. Wer nicht lacht, wird ausgewiesen.

Eulenspiegel aller Länder, vereinigt euch.

Jetzt mal im Ernst, denke ich, stell dir vor, ein Alien aus einer Klasse-III-Zivilisation kommt vorbei und meint, erzähl mal, wie du diese Welt haben möchtest, das lässt sich sicher einrichten. Was sage ich dem dann?

Ich möchte den guten alten Sozialstaat Marke BRD späte Sechziger, mit Pop und Vollbeschäftigung für alle? Oder die DDR, nur ohne Stasi und Partei? Also überleg mal.

OK, sage ich, als erstes annihilierst du alle Waffen auf diesem Planeten, in derselben Sekunde. Dann ist in ungefähr 30 Weltgegenden schlagartig Ruhe, keine Mörserdonner im Kongo, keine Ballerei im Irak mehr. Zeit zum Nachdenken.

Als nächstes gehen bitte sämtliche Unternehmen in das Eigentum ihrer Mitarbeiter über. Keine Aktionäre mehr, keine Aufsichtsräte, keine Patriarchen. Ab sofort schaffen alle gemeinsam auf eigene Rechnung. Das hattet ihr doch schon mal in Spanien, vor 70 Jahren, sagt der Alien, gut dass zuerst die Waffen verschwinden, sonst würde das wieder nichts.

Dann, sage ich, lässt du das Erdöl innerhalb eines Jahres versiegen, die Containerflotten stehen still, dafür schenkst du uns irgendein Material für die künstliche Photosynthese, am besten eins, das so cool ist, dass alle Wissenschaftler sich vor den Kopf schlagen und sagen, warum sind wir nicht darauf gekommen? Energie- und CO_2-Problem gelöst.

Jetzt haben wir aber ein Problem mit der Produktion, denn die Landstriche sind so spezialisiert, dass sie vieles nicht selbst herstellen können, Arbeitsteilung, weißt du, sage ich zum Alien. Also verteil die Produktionsstätten und das nötige Know-how gleichmäßig über alle Kontinente, und schaff das geistige Eigentum ab. Jeder soll produzieren, was er will und kann.

Weiter, du schickst die Regierungen nach Hause und lässt überall Räte einrichten, so und jetzt kommen wir zum Geld, das brauchen wir auch nicht mehr, sage ich. Aber da hebt der Alien das Äquivalent eines Zeigefingers und meint:

Don't try to be too clever.

Wenn du das und das tust, kannst du es weit bringen, lautete eine wohlwollende Ermunterung für den Kleinen, wenn die Alten beim Kaffee zusammensaßen. Wohin kann ich es bringen, habe ich mich dann gefragt.

Ich fing an, Leute zu beobachten, die als solche galten, die es weit gebracht hatten. Sie verströmen diese schwer fassbare Ausdünstung von Bedeutsamkeit, die sich augenblicklich breit macht, wenn sie den Raum betreten, und die Umstehenden in eine nervöse Körpersprache treibt. Ja, sie sind berauscht von der Eigendroge, ein öffentliches Gesicht zu sein, auch wenn es sich nur die wenigsten eingestehen würden.

Die Saat der Sucht wird mit dieser arglos scheinenden Ermunterung gelegt und bald vom medialen Dauerstrom genährt. Mit jedem kleinen Erfolg wächst sie, Social Engineering schleicht sich ein, aber schon der erste erfolgreiche Trick, der erste Bluff wird zum Bumerang, weil er nicht auffliegen darf und mit weiteren Tricks kaschiert werden muss. Ein Kompromiss zieht den nächsten nach sich, aber du glaubst noch, alles im Griff zu haben, und steigerst die Dosis weiter, denn ein öffentliches Gesicht zu sein lässt das Leben so sexy erscheinen.

Je länger ich dieses Spiel beobachte, desto mehr stößt es mich ab, mitanzusehen, wie sich die privaten Gesichter erniedrigen, in der Hoffnung, etwas von dem Glanz der öffentlichen abzubekommen, der auf sie fällt, am Ende gar selbst auf die andere Seite zu wechseln und sich zum öffentlichen Gesicht aufzublähen. Die Korruption, die daraus folgt, hält das System am Leben.

Der einzige Ausweg ist, sich dieser subtilen Disziplinierung der bürgerlichen Gesellschaft zu verweigern, so wie Peter Hein, der beschloss, es zu nichts zu bringen, oder Wolfgang Neuss, der es schaffte, wieder unbekannt zu werden. Autonomie bedeutet, allen Privilegien, allen Gefälligkeiten und allen Manipulationen zu widerstehen. Eine wirklich freie Gesellschaft wird nur aus autonomen Menschen entstehen.

Être simple, c'est la chose la plus importante.

Welcher Weg führt zum Être simple, zur Autonomie, zur Freiheit? »The obvious road is almost always a fool's road«, sagt Burroughs, »and beware of the middle roads, the roads of moderation and common sense and careful planning.« Well said, William, but…

Hendrix, Morrison, Joplin, Cobain haben Burroughs links liegen gelassen und den direkten Weg genommen, die ultimative Abkürzung um die middle roads herum, aber was ist von ihnen geblieben außer hilflosem Heroismus?

Andere haben Burroughs falsch verstanden und am Weg des hilflosen Hedonismus ihr Lager aufgeschlagen, aus dem sie sich in Rage reden über jeden Passanten, der nicht rechts, nicht links schauend vorbeizieht, und laufe ich nicht Gefahr, am Ende auch einer von ihnen zu sein?

Es ist einfach, nichts erklären zu müssen, aber alles geißeln, die Idioten immer in den anderen sehen zu wollen. Und schon wieder in eine Falle zu tappen.

Der gierige Schlund des Pop verschlingt auch die letzte Polemik und verwandelt sie in ein Spektakel, das dem Publikum in den medialen Kollosseen der Gegenwart dargeboten wird. So stumpf, dass sie keinen mehr verletzt, erst recht nicht die Mächtigen.

Es gab Zeiten, da war Polemik die einzige Waffe der Unbewaffneten, die tief ins Fleisch eifernder Ehrvorstellungen von inhumanen Schindern schneiden konnte. Die Getroffenen hatten wirklich Schmerzen und warfen die Polemiker zur Strafe ins Zuchthaus oder gar ins KZ.

Heute sind die Polemiker Zulieferer für die Aufmerksamkeitsökonomie wie andere auch, und sie verdienen gut daran, wohnen in teuren Hotels, in denen sie sich an reichhaltigen Buffets für den nächsten Schlag stärken, der Pseudobeleidigte und kreischende Fans hinterlässt, wenn es gut läuft, oft auch nur ein Achselzucken, und alles bleibt, wie es war.

Polemik versackt in der Zirkulation.

Das ist meine Wahrheit über die Wahrheit. Sie ist flüchtig.

Sie stellen und ergreifen zu wollen hieße, unserem eigenen Schatten nachzujagen, in der Hoffnung, ihn irgendwann aufheben zu können. Doch die Sonne lacht uns aus, und wenn sie genug von unserer grotesken Schattenjagd hat, stellt sie sich über uns und lässt den Schatten verschwinden.

Wer behauptet nicht alles, im Besitz der einen Wahrheit zu sein, und besteht darauf, Widerspruch und Zweifel seien sinnlos. Doch zweifeln wir, entpuppt sie sich als nichts anderes als Macht, Geld und Gewalt.

Die eine Wahrheit ist ein Gewehrlauf.

Glauben wir nicht die Mär vom Ende der Geschichte, da die Wahrheit über das Leben, über den Menschen, über das Universum mehr oder weniger gefunden sei und nur noch unbedeutender Verfeinerungen bedürfe. Widersprechen wir, wenn sie uns weismachen wollen, Unmenschlichkeit, Ausbeutung, Ungerechtigkeit seien bedauerliche, aber unvermeidliche Nebenwirkungen dieser Wahrheit, mit denen wir uns abfinden müssten, denn die Wahrheit sei, dass es uns allen irgendwann besser gehe, wenn wir ihr gehorchen.

Die Wahrheit ist kein metaphysischer Urgrund, unveränderlich in Raum und Zeit, dem wir uns im Laufe der Geschichte immer weiter annähern.

Sie ist ein schillerndes Kunstwerk, das von uns allen erschaffen wird, in jedem Augenblick, sofort verblasst und verpufft, um gleich wieder in dem unendlichen Gespräch des Menschen verdichtet zu werden. Und wenn wir es wollten, wäre 2 plus 2 gleich 5, für Sekundenbruchteile.

Sechseinhalb Milliarden Wahrheiten durchdringen sich mit jedem Herzschlag, voller Hoffnung, das Unmögliche zu vollbringen und sich zu vereinen zu dem ewigen Frieden, den wir nicht aus unseren Köpfen bekommen.
Vergeblich.

Wahrheit ist und meistens anders.

All die Fußnoten zu Plato haben nichts geklärt. Aber wenn schon keine Wahrheit, will ich doch wenigstens Gewissheit.

Das Rauschen von Heizungen und Lüftungen lässt mich beim Einschlafen immer wieder diese Zwischenwelt streifen, in der alle Fragen beantwortet sind. Ist es das Om des Maschinenzeitalters oder die Erinnerung an das Rauschen des Blutes, als ich noch keine Fragen hatte?

Manchmal schießen auch am hellichten Tag winzige Satori-Blitze aus der Zwischenwelt durch mein Bewusstsein, aber sie sind so flüchtig wie Neutrinos aus der Sonne, die nicht einmal Spuren hinterlassen.

Ich kann mich an nichts erinnern, aber ich bin sicher, dass die Antwort einfach ist, nein, nicht 42, das hätte ich mir noch merken können.

Könnte es sein, dass die Antwort sogar so einfach ist, dass ich sie verdränge, weil mir sonst nichts zu tun bliebe, als mich sofort in Nichts aufzulösen? Oder mich zumindest schnellstens dorthin aufzumachen?

Irgendetwas hält mich zurück in dieser Existenz aus Fragen und Nichtwissen, und ich glaube, es sind die Menschen um mich herum. Haben wir nicht diese fixe Idee, wir könnten kollektiv das Nirvana erreichen, schnatternd und zwitschernd wie immer, seit die Sprache über uns kam?

Weil wir Angst vor der Stille des von allem gereinigten Egos haben, in die diese Existenz münden könnte. Ich würde mein Ego lieber in einem kosmischen Lachen verlieren, das durch die Äonen hallt und nie endet, das die Energiefelder und Elementarteilchen dieses Universums transzendiert.

Ein Lachen, in das Milliarden Seelen einstimmen, die DIE ANTWORT gar nicht mehr wissen wollen, weil sie ihre Unerheblichkeit erahnen.

Heiliger Douglas, nimm hinfort den Ernst dieser Welt.

Lachen ist alles.

0:93

Wir führen zu viele Gespräche über Gespräche, die sich mit ungeprüften Sätzen beschäftigen, und die verweisen dann auf Datenhalden. Dahinter bleibt das Eigentliche verborgen. Allmählich begreife ich, was O meint, wenn er sagt, wir seien die Zivilisation, die am schlechtesten über sich selbst informiert ist. Die Zivilisation des Nullpointers.

Seit Stunden spreche ich mit mir selbst und kreise doch auch nur das Eigentliche ein. Versuche zu verdichten, finde Worte, die ich in den nächtlichen Raum werfe, aber werden sie mehr als hübsch klingen, wenn sie von den Wänden abprallen, werden sie auch etwas zum Klingen bringen, etwas bedeuten?

Wir gehen schlampig mit Worten um, weil auch sie eine Ware geworden sind. Wer zuerst ein neues Wort hervorstößt, kassiert drei Aufmerksamkeitstaler, für die er sich eine Schmeichelpille kaufen kann. Wer noch gewitzter ist, schleudert einen Satz heraus, der die Dinge auf den Punkt bringen soll. In die nullte Dimension. Das ist dann ein echter Nullpointer.

In den Imperativ gestellt, kann man damit sogar ein Vermögen machen. Simplify your life. Sorge dich nicht, lebe. Erschaffe dich neu.

Meterweise füllen solche zu Büchern aufgeblähten Nullpointer die Regale der Buchverkäufer, die sich zu Komplizen von Fallenstellern gemacht haben. Denn in Wirklichkeit handelt es sich um Fallen, in die wir gehen, weil sie uns in eine Beschäftigungstherapie verwickeln und kilometerweit vom Eigentlichen ablenken. Zur Freude der Mächtigen, die sich in Davos und anderswo treffen und tatsächlich über das Eigentliche reden.

Die eleganteren Nullpointer, wie C sie mit seiner Laterne verkauft, verleihen dem endlosen Geschnatter immerhin die Illusion von Geist. Der Größe Missbrauch ist, wenn von der Macht sie das Gewissen trennt. Gut erkannt, Shakespeare. Das würden sogar die Mächtigen in Davos beklatschen. Deshalb:

Trau keinem Aphorismus.

An Worten mangelt es ja wirklich nicht. Wir haben eine Massenproduktion von Worten. Wieviele sind das, die jeden Tag in allen Medien auf die Welt losgelassen werden? Trilliarden? Wenn wir so weitermachen, steht auf dem Grabstein der Menschheit: Am Ende war das Wort.

Wir brauchen eine Massenproduktion von Taten.

Uneitle schlichte Taten ohne Aggressionen. Das ist unser Problem. Das ist mein Problem.

Ich bin ja auch einer von denen, die alles superschlau hin und her wenden und sich dann vor lauter Argumenten nicht entscheiden können, was sie als nächstes tun sollen. Dagegen helfen manchmal nur Banalitäten. Mir fällt dieser Typ ein, den ein Freund mitgebracht hatte, um uns gemeinsam den Kopf zu zerbrechen über unsere Optionen, nachdem unsere planlose Studentenzeit abgelaufen war. Nach einem meiner Sermone sagte er nur: »Ich versteh das alles. Aber weißt du, fang doch einfach mal mit einer Sache an.« Ich war damals ziemlich sauer.

Aber der Schlauberger hatte ja recht. Jetzt stecke ich mit Millionen anderen wieder in der Blockade. Was tun?

Der Unterschied ist der: Wir müssen diesmal viele verschiedene, scheinbar zusammenhanglose Dinge gleichzeitig tun. Das ist unsere Chance.

Es ist nicht schwer, Spielräume auszunutzen, in denen wir eine Wahl haben. Biotomaten statt Treibhaustomaten zu kaufen, ist nichts, worauf man stolz sein könnte. Dazu gehört wirklich nichts außer 50 Cent mehr. So what?

Entscheidend sind die Kampfzonen, in denen dieses System so unüberwindbar wie eine Kreuzritterburg wirkt. Wo es scheinbar in Paragrafen und Verträgen einbetoniert ist. Frontal schleifen wir die Burg nicht. Das geht nur mit einer Kulturguerilla, die dieses System ad absurdum führt, wo immer sich eine Lücke auftut. Es gibt genug Lücken. Action.

One, two, three – hit.

Ich bin meilenweit von jeglicher Gelassenheit entfernt. Ich habe bisher nur einen getroffen, der sie wirklich hatte, Tauono, ich sehe ihn, wie er vor dem Riff ins Wasser gleitet, durch die Brandung schneidet, ohne eine Sekunde zu schwanken, obwohl er mehr als doppelt so alt war wie ich. Der alte Seemann, der sich Jahrzehnte in der Fremde herumgetrieben hatte und erst nach dem Tod seiner Frau wieder auf die Insel zurückgekehrt war, in diese unheimliche Weite des Pazifiks.

»Just float and be happy«, sagte er, bevor wir den Schnorchel in den Mund nahmen und untertauchten. Er verharrte vor uns, beobachtete das Riff, und dann schwamm er mit seiner Holzharpune ansatzlos wie ein Fisch vier, fünf Meter hinab, dass es mir die Sprache verschlug.

Als er wieder oben war, gab er mir die gespannte Harpune und zeigte mir kurz, wie das Ding funktioniert. Schau, ob du da hinten was triffst, ermunterte er mich.

Ich glitt durch die Korallenköpfe und nahm einen Fisch ins Visier. Zack, daneben, dann fädelte ich die Harpune wieder in die Holzschiene mit dem Abzug ein, wieder zack, und sie machte einen kurzen schlappen Satz vor mir in den Sand. Ich schaute mir das Teil an, und, oh shit, beim Schuss hatte es die Halterung vorne an der Holzschiene weggehauen, das Ding war im Eimer. Ich fühlte mich wie ein Volltrottel.

Zurück bei Tauono, zeigte ich ihm das Malheur und stammelte verlegen blödes Zeug. Er aber antwortete nur ohne jeden Groll: »Ärger dich nicht, es war mein Fehler, ich hätte es dir besser erklären müssen.« Und damit war das Thema für ihn erledigt. Float and be happy.

Ich habe Tauono nie wieder gesehen, es war nur eine kurze Begegnung auf der anderen Seite des Globus. Aber wenn mir jemand Hoffnung gemacht hat, dass man souverän und geistig unbeschadet durch dieses verrückte Leben kommen kann, dann er. So ein Sorbas. In meiner Erinnerung wird er Anthony Quinn immer ähnlicher.

Alter ist Lässigkeit.

Der Exodus kann kein Ausstieg sein, kann weder an einem Palmenstrand noch in einer Hüttensiedlung enden. Er muss in die Mitte des Systems führen. Dort müssen wir uns einnisten. Aber wo fängt er an, wie fängt er an?

Soll ich auf die anderen warten, die auch warten? Wie finden wir uns?

Lambrakis zum Beispiel ging einfach los. Allein von Marathon nach Athen, nachdem die Polizei den Demonstrationszug gegen eine verantwortungslose, korrupte Politik aufgelöst hatte, ihn als Abgeordneten des Parlaments aber nicht hatte aufhalten können. Er ging mit einer weißen Fahne in der Hand.

Das ist die conditio sine qua non: keine Gewalt.

Aber Lambrakis wurde doch umgebracht. Luther King wurde umgebracht. Milk und Biko wurden umgebracht. Dennoch, nein: keine Gewalt. Gewalt ist die Verneinung der Menschenwürde.

Der Zweck heiligt nicht die Mittel. Der Zweck muss in den Mitteln anwesend sein.

Wir sind auch nicht mittellos. Vielleicht ohne Kapital, aber nicht mittellos. Wir müssen strategisch denken. Der Exodus ist kein Weitsprung, bei dem wir mit einem Satz in der anderen Welt landen. Stowassers schöne Erkenntnis: Wir brauchen Übergangslösungen.

Konsumverweigerung ist nur der kleinste, einfachste Schritt. Auch die gefeierte Vernetzung ist nur eine Aufwärmübung, eine Selbstverständlichkeit.

Der große Schritt ist, parallele Strukturen aufzubauen. Quartiersräte in den Städten gründen. Know-how entwenden und verschenken. Produktionskibbuzim errichten. Das Geld aus dem Alltag drängen. Kapital, wo nötig, zusammenkratzen und teilen. Alles dokumentieren und verbreiten. Jede Lücke besetzen, die sich auftut. Der schwerste Schritt wird sein:

Sich nicht bestechen lassen.

Das ist alles nicht neu. Tausende Male gedacht. Versucht. Gescheitert.

Die einen scheitern in der Affirmation des Systems, die anderen in den Hundehütten des Dogmatismus. Manche sogar in beidem. Das kann man niemandem vorwerfen. Jeder von uns scheitert jeden Tag irgendwo.

Aber wir sind dennoch weiter als vor vierzig, vor hundert oder vor zweihundert Jahren. Wir wissen, was nicht geht. Wir sind nicht mehr naiv, die Dystopien können alle wahr werden. Wir können auch diesmal scheitern. Und noch x-mal.

Das ist alles kein Grund, es nicht wieder zu versuchen. Es gibt genug Leute, denen wir, die wir noch Spielräume haben, es schulden, diesem System seinen Platz in den Annalen der Geschichte zuzuweisen. Der Kapitalismus wird sowieso ein Ende haben wie jede andere Epoche auch. Dann lieber morgen als übermorgen.

»Wir haben dabei nichts zu verlieren als die Langeweile«, schrieb Vaneigem 1967. Die Langeweile ist nicht mehr unser Problem, weil wir sie in der 1000-beats-per-minute-Welt gar nicht bemerken können.

Wir haben nichts zu verlieren als unsere Angst vor dem Scheitern.

Wenn wir die verlieren, sind wir unbestechlich.

Und wir können sie verlieren, wenn wir erst mal merken, dass es überhaupt ein Wir gibt. Das Leben ist gerade kein Marathonlauf, den jeder für sich runterreißen muss, mit dem er sich und anderen etwas beweisen will.

Es gibt nichts zu beweisen. Wir sind schon frei, nicht erst am Tag X, wenn sich unsere vermeintlichen Investitionen auszahlen sollen, die uns einen faulen Kompromiss nach dem anderen eingehen lassen. Wir müssen unseren Arsch hochbekommen und losgehen.

Kompromisse war gestern.

Ich stehe auf, sehe auf die Zettel, die sich auf meinem Tisch angehäuft haben, Schluss jetzt, denke ich, nehme meine Jacke und verlasse die Wohnung. Kein Ticken mehr, als ich auf die Straße trete.

Kalte Ruhe, aber ich friere nicht.

Der Himmel ist jetzt ganz klar, am Horizont kriecht der erste Schein der Dämmerung über kalte Sterne. Ich laufe drauflos und schaue in die dunklen Fenster der Stadt, aber ich weiß, dass dahinter andere die Nacht durchwachen, diese schonungslose Nacht, die ein Ende haben wird.

Vielleicht kenne ich diese anderen noch nicht, vielleicht kenne ich sie aber auch schon lange und habe ihnen, in meiner Idiosynkrasie, nur nie das große Herz zugetraut, das im entscheidenden Augenblick entflammbar ist, um das angeblich Unmögliche zu wagen.

Als Ausrede für meinen eigenen Kleinmut, nichts auf den Weg zu bringen und mich in einer Phantasie der Empörung zu verlieren, anstatt die schöpferische Kraft der Empörung in mir zuzulassen, meine Antennen auf andere Empörte zu justieren, überhaupt wahrzunehmen, dass ich gar nicht allein bin mit meiner Empörung, dass sie kein Privileg ist, sondern in ihrer Vereinzelung höchstens eine Lächerlichkeit, eine doch romantische bürgerliche Lächerlichkeit.

Am Rande eines Platzes bleibe ich stehen, zünde mir eine Zigarette an und bin zum ersten Mal seit langer Zeit ohne diese idiotische Hast, mit der ich mich gequält habe, die aber zu nichts geführt hat. Ein guter Beat entsteht nicht aus der Geschwindigkeit, sondern aus den Vibrations der Vielen.

Wir sind die Vielen, und wir können den neuen Beat anschlagen, der alle Macht pulverisieren wird. Wir, die Multitude. Wir werden uns erkennen, wenn wir es endlich zulassen, wenn wir unser lauwarmes Leben hinter uns lassen und es denen gleichtun, die brannten und niemals froren.

Let's burn!

Den Schalter
betätigt
und ab auf
die Reise
nach innen
und weiter
und von da aus
nach unten
in die Tiefe
zum Grunde
ins Schwarze des Seins
geschwommen
gesuhlt
und Nächte
durchlitten
und Auge in Auge
Dämonen
besänftigt
bespielt
und gehätschelt
und schachmatt gesetzt
erleichtertes
Lachen
am Spieltisch
der Seele
und reihum
die Hände
der Geister geschüttelt
die Furcht
überwunden
die Fragen
vergessen
dann vorsichtig
vorwärts
noch immer
in Schwärze
an der Hand
der Dämonen
die Freunde geworden
und weiter
nach draußen
und alles auf null.

Für ein Leben vor dem Großen Abend

Zu warten wäre Wahnsinn. Allein schon, weil niemand mehr zu sagen vermöchte, worauf wir warten sollten. Und weil uns das Barbarei-Projekt längst am Wickel hat.

Da erliegen wir manchmal einem Missverständnis. 1949, gerade war Orwells *1984* erschienen, notierte Marshall McLuhan: »Der irreführende Effekt von Büchern wie *1984* liegt darin, einen Stand der Dinge, der bereits existiert, in die Zukunft zu projizieren. Solche Bücher ziehen die Aufmerksamkeit von den gegenwärtigen Tatsachen ab.« Knapper: Die Barbarei kommt nicht. Wir leben in ihr.

Unser Blick dafür wird gerade geschärft. Erhellend etwa diese panische Rennerei der Weltenlenker nach dem 9. August 2007. In jener Sommernacht hörten die mächtigsten Banker von Globalia auf, sich gegenseitig Kredit zu geben. Im Doppelsinne. Die Deutsche Bank dachte, die UBS könnte am nächsten Morgen schon pleite sein und umgekehrt, und beide dachten das auch von Goldman Sachs, Crédit Lyonnais, HSBC... Natürlich dachten alle richtig, weil sie von ihrem eigenen Zustand auf die anderen schlossen.

»Die Kugel flog so nahe am Kopf vorbei, dass wir sie pfeifen hörten«, sagte der Schweizer Zentralbankchef, der ein gigantisches Rettungspaket für die UBS geschnürt hatte. Mit »Kopf« meinte er nicht seinen eigenen, sondern den Kapitalismus. Seither pfeifen die Kugeln immer wieder und das Kommando von Globalia – das aus diesem Anlass klarere Gestalt annimmt – wendet alle paar Wochen in höchster Not den Systemzusammenbruch ab, mit neuen Tricks und neuen Schuldenpyramiden und enormen Haufen öffentlichen Geldes.

Das ist sein Wesen. Was sich als notwendige Rettung gebärdet, ist der größte Hold-up der Geschichte: Die Plünderung der Ökonomien durch ein paar Tausend Finanzkapitalisten und Aktionäre mittels Regierungen und Zentralbanken. Hunderte von Milliarden haben die Hand gewechselt. Die Banken sind heute größer als vor der Krise. Und mächtiger: Sie haben jede vernünftige Regulierung verhindert.

Was, ruft hier jemand, was bitte hat dies alles mit unseren Leben zu tun? Du schwafelst über Wirtschaft, Krise, Kapitalismus. Ich will besser leben. Vielleicht stemmt der Zwischenrufer gerade Gewichte, vor dem Spiegel im GymFit, und denkt darüber nach, wie er sich den nächsten 1000-Euro-Praktikumsjob angeln kann. In dieser Sache zumindest ist die gegenwärtige Organisation von Produktion und Leben überaus erfolgreich: Wir denken – obschon wir es besser wüssten, wissen müssten – dass die Umstände unseres Alltags, unserer Arbeit, unseres Privatlebens, unseres Glücks und Unglücks individuell seien. Atomisiert, gemeinsam einsam, stecken wir unsere Kraft und Fantasie in die Selbstdressur. Und ins Selbstmarketing. Wohin auch sonst? Wir scheinen blinden kapitalen Kräften ausgesetzt und halten diese Ordnung auch noch für »natürlich« und zwingend.

So bemisst dieser Zwischenruf die Wegstrecke, die vor uns liegt. Denn genau besehen fragt er nach Möglichkeiten und schreit seinen Frust darüber, dieser Möglichkeiten nicht habhaft zu werden. Oder auch darüber, dass er so einsam fragt.

Umfragen brachten 2009 zu Tage: Eine Mehrheit der Europäer möchte das Wirtschaftssystem, unter dem sie leben und arbeiten, zumindest gründlich verändern. Viele wollen den Kapitalismus kippen.

Schönes Brodeln. Offensichtlich wissen die Bürgerinnen und Bürger, was die etablierte Politik, die sich weit vom Politischen entfernt hat, nicht wissen will: Wir erleben keine Finanzkrise und auch keine Wirtschaftskrise, sondern die Gleichzeitigkeit vieler Verwerfungen. Fukushima fügt sich zu Lehman Brothers zu Hunger.

Strategische Rohstoffe werden knapp. Das fossile Zeitalter geht zu Ende. Die atomare Produktion stockt. Die Erde heizt auf. Der ökologische Crash wird real. Immer mehr Menschen hungern. Vermögen und, was schlimmer ist, Chancen sind immer ungleicher verteilt. Genau besehen, schafft die kapitalistische Wirtschaft keinen Wert mehr – sie verteilt nur noch den vorhandenen um.

Kurzum: Wir stehen mitten in der ersten umfassenden Systemkrise der kapitalistischen Produktionsweise. Der Ausnahmezustand ist längst permanent. Die Katastrophe hat keinen Termin. Sie findet gerade statt.

Dies könnte eine befreiende Einsicht sein. Wenn wir erst einmal alle Hoffnung fahren gelassen haben, wenn sich Kopf & Hand nicht mehr nach Markt & Tand recken müssen, könnten sie tätig werden. Doch wir warten weiter. In rasendem Stillstand, mit voller Agenda. Windschnittig geduckt. Getrieben von kalten Affekten. Einzelkämpfer und Amokläufer der Selbstauflösung.

Jeder und jede kann für die Teilnahme am Rattenrennen gute Gründe anführen. Kind und Kegel. Ratenzahlungen. Ich bin Ich. Etc. Vor allem fehlen leichte Antworten auf die alte Frage: Was tun? Sämtliche Entwürfe scheinen plattgemacht – und man setzt sich wohl kaum in Bewegung, ohne eine Ahnung davon zu haben, wohin die Reise geht. Überhaupt: Was und wer ist dieses Wir, das ich hier ohne Ihre Erlaubnis ständig bemühe? Wo ist es? Existiert Wir? Und selbst wenn sich irgendwo noch ein Rest finden ließe: Möglich ist kaum etwas …

Niels Boeing hat die Warterei schon lange satt. Sie entspricht nicht seinem Temperament. In diesem Buch fragt er nach Möglichkeiten. Nach der massenhaften Produktion von Unterscheidung und Möglichkeiten.

Vielleicht halten Sie das für eine geringe Ambition. Doch es ist mehr, als wir von den meisten aktuellen Texten erwarten können. Lassen Sie uns die Sache ein wenig drehen und wenden.

Da war, vor einiger Zeit, eine Veranstaltung des linken *Denknetz* in Zürich, auf der ich über die Finanzkrise sprach. Hernach diskutierten wir über Möglichkeiten. Nach einer Stunde erhob sich ein Gewerkschaftskollege und sagte genau einen Satz: »Das alles ist doch nur eine Frage der Kommodifizierung!« Wir waren etwas ratlos. Kälte legte sich über die Versammlung. Der frische Mut sank uns irgendwohin. Im Grunde hatte der Kollege ja Recht. Der Kapitalismus macht alles zur Ware. Sogar unser Intimes wird zu einer Ware, die das Kapital verwerten will und kann. Der Kapitalismus hat seine Landnahme und Plünderungen längst in die Slums von Globalia vorangetrieben – und in unser Innerstes. Wir selbst haben Warenform angenommen.

Kaum zu bestreiten, angesichts von Neurocomputing, Biotechnik und flächendeckendem Einsatz von Massenverdummungswaffen. Doch der Spruch des Kollegen hatte etwas Endgültiges, Abschließendes. Auch richtige Gedanken können das Denken beenden. Und ich ahnte heimlichen Jubel: Das Desaster ist gewiss. Wir haben es immer gesagt. Im Kapitalismus ist das nicht mehr zu richten. Nach der Revolution, nach dem Großen Abend hingegen …

Solche Rituale sind linker Kitsch. Uneingestanden spricht aus ihnen die Lust an der Unveränderbarkeit der Verhältnisse. Er zelebrierte eine paradoxe Unterwerfung unter das kapitale

NACH WORT

Kommando. Samt Aufnahme in den linken Himmel für jene, die alle Code-Wörter mit K kennen.

Mein Wütchen hat mit der Möglichkeit zu tun. Genauer: Mit den zwei Begriffen des Möglichen. Zum einen meint Möglichkeit das, was möglich ist. Die Möglichkeiten werden bestimmt, also auch begrenzt, durch die politischen und ökonomischen Kräfteverhältnisse und eben durch Prozesse wie die Kommodifizierung. Diese Vorstellung von Möglichkeit zielt am Kern vorbei. Ernst Bloch sprach von einem linken »Kältestrom«. Denn letztlich sagte mein Gewerkschaftskollege: Unter dem Stahlmantel des Kapitalismus gibt es für euch kein wirklich besseres Leben. Organisiert euch, kämpft, dann werdet ihr den Großen Abend erleben.

Dagegen halten andere einen »linken Wärmestrom«, der keine Illusionen hat, aber auch nichts vertagt: »Let's burn!«, ruft Boeing. Der Wärmestrom sucht die Erwartungen, Hoffnungen und Bedürfnisse der Menschen auf und stellt sie mit den realen Verhältnissen so in Beziehung, dass trotz K-Wörtern sofort eine Latenz, eine Möglichkeit entsteht. Die ist doppelt: Es wachsen konkrete Handlungsmöglichkeiten, hier und jetzt. Und ein Zustand der Hoffnung, der uns wieder ein Stück näher an eine Menschwerdung bringt. Mensch ist, wer sagen kann: Wir-sind-in-Möglichkeit.

Es geht also um ein Leben vor dem Großen Abend. Das gibt es. Jetzt.

Wer dies für eine banale Feststellung hält, soll sich mal in den vollen Hallen jener umsehen, die Hoffnung versprechen. Von Zen-Gurus bis Toni Negri. Oder umgekehrt folgenden Gedanken versuchen: Wie kommt es, dass Gewerkschaften, Sozialdemokraten und sogar Linke keinen Weg finden, in der ersten großen Systemkrise des Kapitalismus eine simple Frage vernehmbar zu stellen: Wie wollen wir eigentlich leben und arbeiten?

Es wäre hohe Zeit. Denn das Vertrackte ist: Ohne ein Leben vor dem Großen Abend wird der Große Abend leider abgesagt. Mangels Besetzung.

Wenn ich den Zwischenrufer im GymFit von vorhin richtig verstehe, geht sein Problem etwa so: Seine Existenz ist eingeschrumpft auf ein Ich-Hier-Jetzt. Es ginge also darum, das Einzelne wieder zum Ganzen zu fügen. Den Praktikumsjob mit dem Ökonomischen in Beziehung zu setzen. Das Ich wieder in ein Wir zu bringen. Das Politische in die Politik.

Doch wenn linke, auch antikapitalistische Organisationen keinen Entwurf und keine Erzählung mehr buchstabieren können: Warum haben sie in den Städten der Republik nicht Dutzende soziale und politische Generalstände abgehalten, Feste der Revolte, von lokalen Gruppen wochenlang vorbereitet, breit gestützt, um sich mit den Wünschen und Vorstellungen der Bürgerinnen und Bürger ins Benehmen zu setzen? Warum haben wir nicht massenhaft Volkstribunale über Banken und Kapital erlebt, wie attac es wenigstens versucht hat? Wo sind die Tausenden von Betriebsversammlungen? Die Kurse in Politischer Ökonomie? Wer gründet Bands?, würde Boeing fragen.

Es nutzt wenig zu wissen, dass die Sozialdemokratie und die Gewerkschaften schon immer auch Pfeiler des Kapitalismus waren. In der Praxis stehen zumindest die Gewerkschaften in täglicher Konfrontation mit dem Kapital. Dabei machen sie oft gute Arbeit für die handfeste soziale Sicherheit der Menschen. Die zu ignorieren, wäre kalte Arroganz. Nur übersehen die Gewerkschaften (und Sozialdemokraten), dass das Kapital keinen sozialen Ausgleich mehr braucht, oder glaubt, keinen mehr zu brauchen. Ein Teil des Kapitals denkt sich seinem alten, heimlichen Ziel nahe: seiner Emanzipation von der Arbeit. Absurd. Noch immer gilt: Nur Arbeit, bezahlte wie unbezahlte, schafft Wert für die Gesellschaft.

Hier wirkt mächtig, was wir Innere Widersprüche des Kapitalismus nennen. Sehr simpel gesagt: Der Profit vernichtet die Kaufkraft. So setzt der Kapitalismus selbst seine Abschaffung zuoberst auf die Tagesordnung. Tragisch, dass die organisierte Linke genau jetzt dafür keinen Plan hat. Denn der Aufstand hat längst begonnen.

Was hat dies mit Boeings *Alles auf null* zu tun?

Manche könnten die Energie seines Textes missverstehen. Boeing sagt, was ist. Das nimmt sich manchmal dunkel, abgeturnt, illusionslos aus. Aber diese Form dichter Beschreibung dient ihm nur dazu, ideologischen Schutt wegzuräumen. Den neoliberalen Dreck zuerst. Dann die Reste kältestarrenden linken Denkens. Wobei er das Wichtigste bewahrt. Unsere Vordenker waren ja alles andere als blöd.

Hier geht es also nicht um einen Finsternishandel. Hier wird nicht mit der Apokalypse gewuchert. Es ist ein Text gegen die Angst.

NACH WORT

Am Rohstoff Angst herrscht Überfluss im späten Kapitalismus. Angst wird längst industriell hergestellt. Und mancher Kritiker des K. nimmt an dieser Produktion tatkräftig teil. Dabei dient die Angstproduktion einem klaren Behufe: der Entmündigung. Immer, wenn der K. in die Krise gerät, greift das Kapital zu autoritären Lösungen. Der Faschismus war eine solche Lösung. So etwas will vorbereitet sein. Wie der Aufstand längst im Gange ist, wird auch die autoritäre Lösung seit Jahren in Gang gebracht. Wer genau guckt, erkennt ihre Gestalt. Es wird kein klassischer Faschismus sein. Ich nenne es 4. Rechte, nach Konservativen, Liberalen, Faschisten. Die 4. Rechte ist politisch autoritär, also antidemokratisch. Wirtschaftlich neoliberal. Sie ist ethnizistisch, rassistisch, sehr modern, privat liberal. Sie privatisiert Politik und Staat. Und vor allem ist sie totalisierend: Sarkozy oder Berlusconi machen es vor. Blairisten und andere »Linke« passen da genauso rein wie islamophobe Intellektuelle oder, pardon, besorgte Grüne. Ein Bild verdichtet sich zum autoritären Öko-Kapitalismus.

Gegen Angst und die Einfalt der Verhältnisse stellt Boeing zornig Eigensinn. Wenn er schreibt: »Profit sucks«, steckt hinter der knappen Form ein klarer Gedanke. In diesem Text wirkt ein fulminantes Begehren. Die Möglichkeit der Menschwerdung ist zurückzugewinnen. Nur sind ein paar Dinge zu verrichten, bevor wir wieder Menschen werden können. Das wird hier erkundet. Ohne »müsste«, »sollte«, »wäre«. Ohne einen anderen ideologischen Kanon als die Befreiung des Menschen.

Zuerst benennt er seinen Standpunkt: Ein radikales Ich. Widerspruch? Nein. Zu einem neuen Wir kommen wir nur über die Behauptung des Ichs. Denn dort wütet die kapitalistische Landnahme gerade. Die Vereinzelung hat sie schon vollbracht. Jetzt wird der Eigensinn ausgetrieben. Die Vermarktung der Biomasse Mensch beginnt. Wetten, dass wir bald eine Kreditkarte einstecken müssen, bevor wir zuhause pissen, weil irgendein Konzern die Chemie des Wasserlassens patentiert hat.

Doch der eigentliche Punkt mit dem Ich ist ein anderer: Unter neoliberaler Hegemonie ist es in den Köpfen zum einzigen Ort der Freiheit geworden. Je weniger Wir, desto freier. Dass es sich in Wahrheit genau umgekehrt verhält, wird jetzt immer mehr jüngeren Menschen klar. Sie merken, wie brutal es ist, ihre Haut zu Markte zu tragen, vereinzelt und doch uniform gestanzt wie nie. Sie ahnen, dass die individuelle Freiheit wohl dann erst beginnt, wenn der ökonomische Zwang kollektiv gebändigt ist.

Wahrscheinlich siedelt heute Widerstand genau da. Beim falschen Versprechen eines im kapitalistischen Dschungel ausgesetzten Ichs. Was machst du, wenn Immobilienkonzerne deinen Stadtteil zu Tode kommerzialisieren? Boeing (0:98) geht rum, in seiner Vereinzelung, und schaut in dunkle Fenster. Später, nach dem Buch, sollte er noch andere widerständige Ichs finden. Zusammen schaffen sie die Bewegung »Recht auf Stadt« in Hamburg.

Alte Hüte? Aus dem konkreten Tun einer solchen Bewegung wächst zuerst eine Praxis, dann stellen sich neue Fragen. Zum Beispiel: Warum sollten wir in unserem Stadtteil nur Wohnraum gegen die Gentrifizierung verteidigen? Reden wir über eigene Produktion! Über Kooperation. Und warum nicht über Genossenschaften, Enteignung, kollektiven Besitz, Kommunen? Welche Akteure können eingebunden werden?

Was die Besitzenden dagegen alles in Anschlag bringen werden, schafft wiederum eine neue Praxis. Also ein Wir. Kein bürgerliches, vereinsmäßiges Wir. Sondern ein produktives. Es schafft Unterscheidung. Perspektive. Morgen. Ganz nebenbei wechselt auch die Freiheit wieder ihr Lager. Sie kommt dahin zurück, wo sie geboren wurde. In die Praxis sich selbst organisierender Menschen.

Wie Boeing, in Einklang mit Negt und Negri sagt: Im Kapitalismus gibt es kein Außen mehr. Der notwendige Exodus kann nur noch nach innen gehen, ins Herz des Systems. Na gut, sagt mein nerviger Bekannter von der Gewerkschaft, aber dies alles kratzt das Kapital wohl kaum. Wo ist da die Systemüberwindung?

Zurückgefragt: Wie ist diese mörderische Produktionsform ohne tägliche Praxis hier und jetzt zu überwinden? Und wenn ich »Praxis« schreibe, meine ich: Vielfältige Bewegungen und Produktionsformen und politische Aktionen, Autonomie *und* klassische linke Politik. Es gilt nur eine Regel dabei: Alles, was wir betreiben, lotet die Grenzen der gegenwärtigen Produktionsweise aus – und ritzt sie an. Niels Boeing und ich nennen das Transkapitalismus. Doch darüber reden wir ein andermal.

Oliver Fahrni, April 2011

Aus unserem Verlagsprogramm

Raoul Vaneigem
ZWISCHEN DER TRAUER UM DIE WELT
UND DER LUST AM LEBEN
Broschur / 192 Seiten / ISBN 978-3-89401-746-0
Vaneigem analysiert die aktuelle Raubgesellschaft und ihre
existenzielle Leere, zieht Bilanz über seine Beteiligung an den
radikalen Bewegungen des Protests und verschweigt dabei nicht
einige Verirrungen, die jedem Aufstand eigen sind.

Raoul Vaneigem
HANDBUCH DER LEBENSKUNST
FÜR DIE JUNGEN GENERATIONEN
Broschur / 352 Seiten / ISBN 978-3-89401-584-8
»›Das Handbuch‹ ist der kürzeste Weg der individuellen
Subjektivität zu ihrer Verwirklichung in der von allen
gemachten Geschichte … Eine Welt von Genüssen ist zu
gewinnen. Wir haben dabei nichts zu verlieren als
die Langeweile.« *Raoul Vaneigem*

Olaf Arndt
DEMONEN. Zur Mythologie der Inneren Sicherheit
Broschiert / 160 Seiten / ISBN 978-3-89401-468-1
Arndt enthüllt einige erschreckende Visionen der Staatsorgane.
»Ein Amalgam von Erkenntnissen aus offiziellen Polizeiquellen,
Geheimreports, technischen Zeitschriftenartikeln und
kulturwissenschaftlichen Exkursen.« *Die Weltwoche, Zürich*

Eyal Weizman
SPERRZONEN. Israels Architektur der Besatzung
Großformat / Broschiert / 356 Seiten / ISBN 978-3-89401-6050
Am Beispiel der israelischen »Raumordnung« in den
besetzten Gebieten wird eine Architektur der Abgrenzung und
Kontrolle aufgezeigt, die weltweit zum Einsatz kommt.
»Eine brillante Analyse der Architektur als
Handlangerin israelischer Besatzungspolitik.«
Petra Steinberger, Süddeutsche Zeitung

----

www.edition-nautilus.de

Aus unserem Verlagsprogramm

Unsichtbares Komitee
DER KOMMENDE AUFSTAND
Broschiert / 128 Seiten / ISBN 978-3-89401-732-3
Eine radikale, situationistisch geprägte Analyse.
Für die Autoren dieses Manifests sind die brennenden
Vorstädte in Frankreich oder die Straßengewalt in Griechenland
revolutionäre Momente, Symptome des Zusammenbruchs
der westlichen Demokratien…
»Das schmale Werk könnte das wichtigste linke Theoriebuch unse-
rer Zeit werden. *Nils Minkmar, Frankfurter Allgemeine Zeitung*

Notes from Nowhere (Hg.)
WIR SIND ÜBERALL
weltweit. unwiderstehlich. antikapitalistisch
Broschiert / 544 Seiten / ISBN 978-3-89401-536-7
Eine Protestchronik gegen die »neue Weltordnung«, die
Globalisierung des Marktes. Subjektive Berichte, praktische
Tipps und zusammenführende Analysen machen dieses
Buch zu einer alternativen Weltreise.

Uri Gordon
HIER UND JETZT. Anarchistische Praxis und Theorie
Broschiert / 256 Seiten / ISBN 978-3-89401-724-8
Der israelische Friedensaktivist Uri Gordon gibt einen
Einblick in die dezentrale, horizontale und konsensorientierte
politische Kultur des Anarchismus, hier und jetzt.

DER BEGINN EINER EPOCHE
Texte der Situationisten
Broschur / illustriert / 320 Seiten / ISBN 978-3-89401-243-4
1958–1969 war die Situationistische Internationale die
Avantgarde einer modernen und globalen Gesellschaftskritik.
Die wichtigsten Texte aus den 12 Nummern der Zeitschrift der
S.I., bis heute Laboratorium wie auch Handbuch
der Subversion, ein unverbrauchtes
Protestreservoir!

---

www.edition-nautilus.de